La place et le rôle de l'Église dans le développement local : cas de la RCA

BANGA Anatole

Presses Universitaires de Mokolo – Bureau International

P.O. Box 40126 Pasadena, CA 91114-7126 (USA)

Site internet:

https://contributionsafricaines.com/presses-universitaires-de-mokolo-p-u-m-mokolo-university-press

Les Presses Universitaires de Mokolo sont une maison d'édition de l'Institut Universitaire de Développement International (IUDI) _www.iudi.org_

Courriel : administration@iudi.org

Auteur : Banga Anatole

La place et le rôle de l'Église dans le développement local : cas de la RCA

Préfacier : Moussa Bongoyok

Dépôt légal – 1re édition : juillet 2023.

Printed in the United States of America

ISBN : 9780972549578

Library of Congress Control Number : 2023940253

DÉDICACE

Aux missionnaires pionniers qui ont sacrifié leur vie pour introduire l'Évangile en Afrique et aux pères des églises en Centrafrique.

TABLE DES MATIÈRES

La place et le rôle de l'Église dans le développement local : cas de la RCA

PRÉFACE

Le Dr Banga est resté constant dans sa ferveur pour le développement holistique de son pays, la République centrafricaine, depuis que nous l'avons connu pour la première fois en 1989. Par la suite, nous avons eu le plaisir d'encadrer son mémoire de Master et sa thèse de doctorat (PhD), ce qui nous permet d'attester qu'il n'est pas un simple théoricien qui explore un sujet d'actualité par opportunisme, mais un dirigeant convaincu que les connaissances qu'il a acquises en missiologie et en développement international seraient inutiles si elles ne se traduisaient pas en actions concrètes pour le développement des communautés centrafricaines.

Il a sillonné le territoire de long en large et s'est affiché aux côtés des couches les plus vulnérables de la société. Quoique lui-même soit un homme d'Église, il ne manque pas de s'indigner contre l'indifférence, l'inertie, ou le désengagement de nombreux leaders ecclésiastiques relativement à la paupérisation croissante d'une nation qui compte en son sein une large majorité chrétienne. Pourtant, si l'Occident est parvenu au stade actuel de son développement économique, c'est en grande partie à cause de l'implication des leaders chrétiens et de l'application de valeurs bibliques. À titre d'illustration, le réformateur protestant Calvin est à la base du développement du système bancaire en Europe, tandis les jeunes chrétiens français, membres des églises, sont les architectes de la révolution agricole en France, après la Seconde Guerre mondiale.

Au-delà du modèle occidental, qui a ses forces et ses faiblesses, il convient de tourner les regards vers la Bible. En effet, Dieu ne se préoccupe pas seulement du salut de l'âme des êtres humains. Il veut que ses créatures s'épanouissent sur tous les plans, y compris dans le domaine socio-économique. C'est d'ailleurs sous le signe du bien-être intégral que le Seigneur Jésus-Christ plaça son ministère terrestre dans Luc 4 :18-19 :

> *L'Esprit du Seigneur est sur moi, car il m'a oint pour annoncer une bonne nouvelle aux pauvres. Il m'a envoyé pour annoncer aux captifs la délivrance, aux aveugles le recouvrement de la vue, pour apporter la liberté aux opprimés et proclamer une année de faveur accordée par le Seigneur.*

Dans ce livre, l'auteur explore respectivement le concept de développement local et celui du changement du paradigme afin que l'église joue véritablement son rôle transformateur dans la communauté. La qualité de ses analyses et la pertinence des recommandations à l'endroit des dirigeants chrétiens en Centrafrique et dans les autres pays africains sont telles que nous recommandons vivement cette monographie aux membres et aux dirigeants d'églises locales en Afrique et au-delà.

Moussa Bongoyok
Professeur des études interculturelles et de développement holistique

INTRODUCTION

La République Centrafricaine (RCA) figure parmi les pays les mieux évangélisés[1] sur le continent africain, si on s'en tient aux différentes statistiques des organisations chrétiennes et aux données des recensements de la population dans le pays. Les habitants seraient donc en majorité d'obédience protestante. Seulement, et comme c'est le cas partout en Afrique subsaharienne, il est déplorable de constater qu'il n'y a pas de contribution significative de l'Église dans le développement socioéconomique du pays.

Certes, la pénétration de l'Évangile à l'intérieur du continent africain est relativement récente, et se situe aux environs du 18ème siècle. Les Catholiques seront les premiers à fouler la terre centrafricaine vers 1894[2], suivis plus tard par les Protestants au début du 20e siècle – entre 1912 et 1918. La cohabitation était difficile[3] entre les deux grandes confessions

---

[1] Protestants : 51,9%, Catholique : 29%, Islam : 15%, Animistes et autres 5%. Opération World, RGPH 2003.

[2] Plus précisément le 13 février 1894, Père Carlo Toso (1994). *Centrafrique un siècle d'évangélisation, Conférence Épiscopale Centrafricaine*, p.16

[3] Les premiers protestants seraient arrivés aux environs de 1912 mais des difficultés dues aux maladies devraient retarder leur installation jusqu'en 1918 et 1921. La cohabitation avec les Catholiques était belliqueuse, en témoigne cet écrit de la plume même d'un catholique, rapporté par le Père Carlo Toso : ''Et devant la puissante avancée des protestants américains avec quatre stations et douze blancs, la conclusion des pères était :« Que Saint Michel nous aide à les bouter dehors ! ». Ibid., p.114.

chrétiennes. Cependant, des plans stratégiques élaborés par les missionnaires pionniers ont permis la floraison des églises sur toute l'étendue du territoire.

Le réveil évangélique des années soixante-dix, suivi dix ans plus tard par celui des pentecôtistes, ont boosté la présence protestante dans le pays. Le seul bémol est le contrôle de ces églises depuis le siège des dénominations mères qui se trouve à l'étranger. Il faut noter que la plupart des dénominations existantes et établies viennent d'outre-mer. Il y a toutefois une exception relative à ce schéma, s'agissant de quelques rares dénominations indépendantes, voire dissidentes, qui n'ont pas encore de parrains paternalistes. Néanmoins, cette omniprésence territoriale est-elle proportionnelle et relativement adéquate aux contributions développementales ?

Force est de constater que la dernière crise intercommunautaire qui a ébranlé durablement la nation, et dont les chrétiens ont payé un lourd tribut, a exposé « le géant aux pieds d'argile ». Ce qui suscite en nous plusieurs interrogations : ''l'Église a-t-elle sa place dans le développement d'une nation ?'' ''Si elle jouait pleinement son rôle de « sel de la terre et lumière du monde », ne serait-elle pas un partenaire incontournable de développement ?''

*

*   *

La situation de la RCA qui semble pourtant hétéroclite, n'est ni isolée ni singulière. Elle s'inscrit dans le constat contradictoire d'un nombre toujours croissant de conversions, et d'implantations de nouvelles églises d'une part, et, d'autre part, de la paupérisation critique et de la précarité endémique de la plupart des croyants africains.

La pauvreté qui demeure un défi social majeur, ne semble pas inciter les leaders ecclésiastiques à se pencher sur la problématique du développement intégral et durable. Nous savons que le vieux modèle du système de développement économique et social importé de l'Occident ne tient plus. Il est impératif et urgent d'opérer un changement de paradigme quant à ce type de système toujours prôné. Pourtant couplé à la re-visitation des messages du Royaume de Dieu, ce changement induira une nouvelle dynamique dans la prestation de l'Église. Il ne s'agit pas d'inventer quelque chose de nouveau. Il est seulement question de revenir aux enseignements et pratiques de notre Seigneur, quand il exerçait son ministère sur cette terre.

L'observation suivante faite par le Dr George Kinoti, professeur au Kenya, doit faire réfléchir les leaders ecclésiastiques africains, et, pourquoi pas, remettre en cause les pratiques de leur ministère respectif :

> Un Africain sur trois n'a pas assez à manger. En 1987, cinquante-cinq à soixante pour cent des Africains ruraux vivaient au-dessous du seuil de la pauvreté et le taux d'appauvrissement s'accroissait. Deux tiers des quarante nations les plus pauvres du monde sont en Afrique, de même que huit des dix nations les plus pauvres. Les experts nous disent que le christianisme croit en Afrique plus vite que n'importe où ailleurs. Dans le même temps les gens

s'appauvrissent rapidement, et le tissu moral et social de la société se désintègre plus vite. Le christianisme ne fait clairement aucune différence marquante dans les pays africains[4].

*

*   *

Le Seigneur Jésus-Christ de qui les chrétiens et le christianisme tirent leur nom, a fait de la communication de la parole de Dieu un art. Cela lui permettait de surclasser tous ses contemporains, et en même temps rendait jaloux ses détracteurs, opposants et adversaires. De nos jours, son approche andragogique fait énormément défaut dans les prestations kérygmatiques et les méthodes didactiques des clergés. Les questions pertinentes qu'il suscitait dans l'auditoire, amenaient ceux qui y étaient exposés à de profondes réflexions. C'est ainsi qu'un jour, il posait en privé une série de questions[5] à ses disciples, dont celle-ci : Qui dites-vous que je suis ?

La réponse inspirée de l'apôtre Pierre permettra au Seigneur de prédire à ce dernier sa mission future et, par la suite, de préciser que lui Jésus bâtira[6] son Église. Historiquement, l'Église est née à Jérusalem lors de la fête annuelle de la Pentecôte qui a suivi la résurrection du Christ. Deux mille ans plus tard, le Seigneur continue de bâtir son

---

[4] Cité par Landa Cope, p.76.

[5] Lire Mat. 16 : 13-20.

[6] Bâtir, c'est-à-dire construire, édifier.

Église.

En prélude à cet évènement, il avait anticipé la couleur de son ministère[7] selon les propos rapportés par le médecin Luc :

> *L'Esprit du Seigneur est sur moi,*
> *Parce qu'il m'a oint pour annoncer une bonne nouvelle*
> *aux pauvres ;*
> *Il m'a envoyé pour guérir ceux qui ont le cœur brisé,*
> *Pour proclamer aux captifs la délivrance,*
> *Et aux aveugles le recouvrement de la vue,*
> *Pour renvoyer libres les opprimés,*
> *Pour publier une année de grâce du Seigneur.*

Ce passage vétérotestamentaire se trouve dans le livre du prophète Ésaïe au chapitre soixante-un et a inspiré tant de grands leaders des siècles passés. Nous y trouvons une bonne base biblique et théologique de l'engagement de l'Église dans le développement holistique. Nous commençons par le Dr Martin Luther King qui entrevoyait dans ce texte le programme et la mission de l'Église. Il a fait le commentaire suivant rapporté par Serge Molla :

> *Interprétation ecclésiologique et christologique : l'Église doit être un ferment de changement : thermostat et non thermomètre. La connaissance de Dieu doit s'illustrer par la reconnaissance de l'être humain. L'Église est appelée à être en quelque sorte la conscience de la société. L'Église doit rappeler à la société ses responsabilités et défendre les défavorisés. Quand l'État asservit les êtres humains, l'Église doit le desservir, lui résister et refuser de jouer son jeu... Il est du devoir de l'Église d'accomplir ce dont*

---

[7] Lire Luc 4:18-19. Ce passage est souvent référé comme la Charte du ministère de Jésus ou le Manifeste de Nazareth.

a parlé Ésaïe et que reprend le Christ. Si le sens ultime de la vie des êtres humains la concerne, elle ne peut rester indifférente à leur existence concrète, sociale. Elle ne peut être inattentive aux conditions de vie et de mort, de bonheur et de malheur, de liberté et d'esclavage. Les paroles du prophète sont donc très importantes puisqu'elles déterminent le champ d'action de l'Église, à savoir l'être humain et son monde[8].

Pour sa part, Jean Marc Ela voyait dans ce texte, une critique de la religion humaine de la part de Jésus, critique en relation à la société globale, aux pouvoirs et aux rapports :

Il semble pour nous que l'avenir d'un christianisme rayonnant, dépendra de l'attitude de l'Église à ne pas tournoyer comme un électron libre autour du noyau, se mettant de fait à la périphérie des préoccupations sociétales. C'est dans la confrontation des problèmes existentiels, qui se posent aux croyants comme Jésus l'a fait, et en proposant des solutions que nul n'a osé le faire, que l'Église en Afrique retrouvera son aura[9].

Toujours dans la même dynamique, nous ne pouvons rester insensibles aux réflexions de Reto Gmünder qui dira :

Si avant le retour de Christ, le royaume de Dieu ne se réalise pas complètement dans ce monde-ci, il serait aussi faux de le renvoyer dans un au-delà aussi abstrait et lointain. En Jésus-Christ, le Royaume s'est approché. L'esprit du Seigneur était sur lui, il a agi parmi nous. Aujourd'hui, son esprit est toujours là et continue d'agir. Or l'Esprit du Seigneur tel qu'il est présenté dans le passage de Luc 4 :16-21 est un acteur de changements concrets. Il s'incarne dans la réalité des faits et des

---

[8] Serge Molla, pp.188-189.

[9] *Ma foi d'Africain.*

gestes, pour que le royaume de Dieu devienne une réalité tangible et présente. Il n'y a donc en principe pas de place, dans le cadre d'une compréhension chrétienne du développement pour une religiosité de fuite hors des réalités matérielles, loin des déboires et des douleurs de ce monde. Et cela d'autant plus que Jésus-Christ s'est non seulement incarné, mais est allé jusqu'au bout, jusqu'à la mort sur la croix. Il a pris sur lui toutes les souffrances liées à l'état de créateur. Il nous demande de marcher à sa suite et de porter à notre tour notre croix[10].

Que dirons-nous donc ? À une époque où les gouvernements africains sont dépassés et délaissent de plus en plus leur responsabilité régalienne, l'Église doit par contre reconsidérer ses approches sociales, afin de faire face aux préoccupations légitimes des croyants. La République Centrafricaine est emblématique avec le nombre pléthorique d'assemblées chrétiennes dans le pays. Si les missionnaires ont investi socialement dans plusieurs domaines, y a-t-il eu relève quand les autochtones ont repris le leadership des dénominations ? Afin de répondre à cette interrogation, un survol historique et une analyse de la place de l'Église dans la société, ainsi que le développement vu sous l'angle biblique sont nécessaires. Il n'y a pas d'alternative au changement de paradigme en mettant l'accent sur le Royaume de Dieu, si l'Église doit participer et contribuer au développement local.

*

*   *

---

[10] Cité par Jacques Blandenier dans *Les Pauvres avec nous*, p.68.

Nous insistons sur la nécessité de revoir le modèle[11] de développement économique en vogue depuis lors, et qui ne cesse d'engendrer des classes de parias, de créer des inégalités sans pareil parmi les hommes, de préparer une révolution des pauvres contre les riches à l'échelle planétaire. L'Église peut ouvrir la voie. Le grand perdant dans tout ce système est le continent noir, pourtant doté d'inestimables potentialités de richesses naturelles et minérales, mais toujours spolié depuis des siècles et encore exploité sans état d'âme de nos jours.

Jacques Nanema[12], dans la préface du livre *Pourquoi l'Afrique reste-t-il en retard pour son développement,* pose la problématique de l'un des défis en ces termes :

> *Ce défi historique qui s'exprime radicalement comme une nécessité de ne plus continuer à vivre par procuration, en éternels mineurs, ignorants de nos capacités et de nos ressources, inconscients jusqu'à l'irresponsabilité des*

---

[11] La mondialisation selon les uns ou la globalisation selon les autres n'est que le prolongement abusif du capitalisme à l'échelle mondiale. Le système économique capitaliste a remplacé le système économique féodal et s'est imposé dès lors. Les argentiers et les institutions financières évoluent de théorie en théorie pour l'améliorer, et réussissent à l'imposer à tous. On chantait que la mondialisation augmentait les échanges commerciaux et l'Afrique continue d'être consommateur. En fait et on le dit avec raison que c'est une usine qui produit les inégalités. À la suite d'une rencontre de théologiens et humanitaires occidentaux, on pouvait lire dans un rapport « on peut noter en particulier l'influence puissante de l'économie du marché « libre », à laquelle sont sacrifiés des milliers de pauvres. La globalisation n'est pas mauvaise en soi, pourvu qu'elle crée des communautés ouvertes, mais en réalité, elle conduit à l'exclusion massive des pauvres.

[12] Jacques Nanema est Maître de Conférences en Philosophie, coordonnateur de la Chaire Senghor de la Francophonie. Chercheur/Consultant en Éducation et Développement, Université de Ouagadougou au Burkina Faso.

opportunités historiques qui s'offrent à nous, assistés soit malgré nous, soit avec notre complicité, par des puissances extérieures au continent dont les empressements humanitaires sont à la limite suspects, au pire, dangereux pour notre dignité à retrouver. Le défi qui s'impose à nous doit être assumé individuellement et collectivement à un moment crucial de crise consommée qui plonge les uns dans un afro-pessimisme suicidaire et les autres dans la bonne conscience du narcissisme collectif qui invite les Africains à se satisfaire d'eux-mêmes à l'heure même où ils devraient se départir de toute autosatisfaction narcissique, de toute euphorie collective, de tout délire paranoïaque, pour engager leur pensée et leur action dans une dynamique de changement social, politique et culturel véritable[13].

Il est donc urgent et impératif, comme nous l'avons souligné, que l'Afrique saisisse l'opportunité qui lui est offerte, par les nombreuses communautés qui constituent naturellement son mode de fonctionnement sociétal et sa traditionnelle existence. Et dans notre contexte, l'Église[14] semble offrir le tremplin idéal pour aider la Centrafrique à remodeler le développement, si les leaders ecclésiastiques s'engagent dans le combat de fond, qui est celui d'un

---

[13] *Pourquoi l'Afrique reste-t-il en retard pour son développement* ? p. 7. En fait c'est un livre à double titre : *Pourquoi constituer les États Unis d'Afrique* ? *Pourquoi l'Afrique reste-il-en retard pour son développement* ?

[14] En partant de la RCA dont 80% de la population se disent chrétiens et 52% qui seraient des évangéliques, les églises sont représentées sur toute l'étendue du territoire national. Notre expérience débute avec un échantillon d'églises évangéliques – protestantes – pour démontrer la faisabilité et la reproductivité dans d'autres groupes communautaires. Ceci sera aussi vrai pour les communautés musulmanes ou traditionnelles en Afrique.

développement rogérien qui a pour sujet et objet l'homme. Il ne s'agit pas pour elle d'abandonner sa vocation et son mandat, mais de participer à l'éducation de base des citoyens qui sont ses membres, par l'organisation des groupes qui travailleront pour le salut qui ne se préoccupe pas que du spirituel, mais de tout l'être en entier. C'est ainsi que dans le document[15] *Solidarité et Développement : l'engagement de l'Église catholique*, rassemblé par Pierre Toulat, on peut lire la réflexion suivante :

> *De plus en plus, la question des structures sociales et politiques ainsi que celles des cultures sont apparues déterminantes. Ce constat a amené certains à analyser le sous-développement en termes de conséquence d'un processus de déstructuration des sociétés traditionnelles. Le sous-développement n'est pas un point de départ, mais le reflet de la désarticulation économique, politique, sociale et culturelle engendrée par l'intrusion du modèle Occidental dominant dans les sociétés traditionnelles autrefois équilibrées et qui, dès lors, n'arrivent plus à se reproduire sur la base de leur système de valeur[16].*

Quand le mot développement fit son apparition au 18ᵉ siècle, l'idée était liée à une approche évolutionniste de l'univers au progrès. On l'entrevoyait dans un premier temps, avant de le réduire à sa sphère économique, dans le plan global divin pour l'humanité. Et, jusqu'en 1960, il était connecté à la croissance économique.

---

[15] Documents présentés par la Commission française ''Justice et Paix''.

[16] Pierre Toulat (sous dir) (1992). *Solidarité et Développement*, les Éditions du Cerf, Paris, pp. 29-30.

Les communautés de foi que sont les églises, sont appelées à jouer un rôle primordial dans le développement intégral et le ministère holistique[17] par l'herméneutique de l'action, comme le souhaitait Jean Marc Ela[18], dans son livre assez sévère et critique de l'Église sur le continent, *Ma foi d'Africain*. Ce conférencier international, sociologue, prêtre qui a servi la mission parmi les paysans africains au milieu des contraintes et des tensions, des incompréhensions et des menaces selon ses propres mots, avait trouvé dans l'Évangile une source d'eau vive où il puisait sa force pour marcher en avant. L'apologétique de l'action est résumée par cette phrase « c'est aux fruits qu'on reconnaît l'arbre ». Dieu a fait de l'homme[19] administrateur de la création depuis son existence, mais ce dernier a contribué à la destruction de l'environnement et de l'écosystème, à l'injustice et à l'inégalité sociale, à la prolifération des armes de destruction massive et à la rivalité entre les grandes puissances, au gaspillage des ressources

---

[17] En ce sens qu'il produit la stabilité économique et la croissance, sert aussi de variante à l'autonomisation (capacitation et renforcement de pouvoir) des personnes et l'égalité de la justice sociale. *Extrait de Mission Intégrale Tear Fund.*

[18] Chercheur, sociologue et théologien africain. J.M Ela (2009). *Ma foi d'Africain*. Éd. Karthala, Paris.

[19] Lire le livre de la Genèse chapitre 1 verset 26 à 29.

Dans le soi-disant mandat créationnel, l'homme est doté de liberté, d'intelligence, de faculté de choisir. La terre est son paradis et il doit rendre compte de sa gestion.

Le péché a fait irruption dans le monde et a corrompu tout l'ordre créationnel imprimant des conséquences aliénantes qui se vivent et se répercutent à travers la maladie et la souffrance, la malédiction et l'injustice, la guerre impitoyable et la mort.

naturelles et à la privation du bien-être aux moins développés, et ailleurs à concurrencer Dieu.

Le salut[20] dans notre argumentation serait le rachat du paradis spirituel perdu, qui s'est traduit par la perturbation relationnelle isolant l'homme de son créateur, après le bouleversement tonitruant et le chaos général dans le cosmos, causés par la grande et ultime rébellion angélique. Nous estimons dès lors que le seul agent à même de coopérer avec le créateur dans ce but de restauration est l'Église. C'est pour cela que l'illustre apôtre Paul a déclaré :

> *Aussi la création attend-elle avec un ardent désir la révélation des fils de Dieu. Car la création a été soumise à la vanité – non de son gré, mais à cause de celui qui l'y a soumise, avec l'espérance qu'elle aussi sera affranchie de la servitude de la corruption, pour avoir part à la liberté de la gloire des enfants de Dieu. Or, nous savons que jusqu'à ce jour, la création tout entière soupire et souffre les douleurs de l'enfantement[21].*

Dans cette optique, Jacques Blandenier, dans son livre *Les Pauvres avec nous,* a fait référence à une citation de David J. Bosch[22] qui aurait mentionné que le salut a six dimensions : économique, sociale, politique, physique, psychologique et spirituelle. Le salut serait donc plus large qu'on ne le croirait, et dépasserait la seule dimension religieuse souvent prônée ou

---

[20] Nous ne nous limitons pas à la signification sotériologique du terme restreint à la rédemption de l'âme, mais nous englobons une approche cosmogonique comme projetée dans l'épitre aux Romains.

[21] Lire l'épitre de l'Apôtre Paul aux Romains chapitre 8, les versets 19 à 22.

[22] *Dynamique de la mission chrétienne*, cité par Jacques Blandenier, p. 52.

envisagée. Pour sa part, J. Calvin, le réformateur de Genève qui avait une vision théocratique de la société, dira :

> *Tout mal sur terre procède d'une faillite spirituelle. Guerre, injustice et pollution sont des retombées de l'explosion spirituelle qui jette l'homme loin de son Créateur et Sauveur. C'est pourquoi la prédication de la Parole de Dieu est la première tâche de l'Église... Pour que l'homme se réconcilie avec Dieu, l'Église doit utiliser tous les moyens que Dieu lui donne. En proclamant énergiquement et sans périphrase lénifiante la Parole de Dieu, l'Église accomplit sa mission spécifique que personne n'accomplit à sa place et qui, seule, en transformant les hommes, peut changer la volonté de posséder et de dominer en respect des autres, reçus comme images de Dieu[23].*

Il est inévitable que les positions théologiques et doctrinales influencent les interprétations scripturaires, et les approches exégétiques ne peuvent rien. Aussi sommes-nous bien conscients que les tenants des doctrines eschatologiques[24] tels les prémillénaristes, amillénaristes ou postmillénaristes, n'auront jamais les mêmes points de vue sur l'approche de la manifestation du royaume de Dieu, et comment il doit se matérialiser dans ce monde. Cela n'entame en rien que nous parlons des défis[25] à relever. Nous nous alignons sur les

---

[23] Léopold Shümmer (2006). *La foi, l'action, le social,* p.17.

[24] Résumé simplifié : Prémillénarisme : Jésus revient régner 1000 ans sur terre ; Amillénarisme : les 1000 ans sont symboliques, nous vivons ce règne depuis l'avènement de l'Église ; Postmillénarisme : l'Église conduira graduellement la société dans le millénium.

[25] Jésus a dit : Mon Père travaille et moi aussi je travaille (Jn 5 :17). Après la création, Dieu a confié à l'homme la haute responsabilité de la gérer. Après la chute, Dieu a initié le plan de la rédemption. Il a ensuite choisi Israël pour faire connaître sa gloire au monde. Il y a eu échec et Jésus est

réflexions de Jean Marc Ela que nous avons mentionné plus haut et qui déclare de manière pertinente :

> *Toute interrogation ...ne saurait se faire en dehors d'une réflexion sur la vie du peuple de Dieu ; l'approfondissement théologique des résultats de l'exégèse et de l'histoire impose une référence à l'Église comme lieu de toute interrogation chrétienne et de toute audition de la Parole de Dieu dans l'actualité du monde et de l'histoire. Aussi les préoccupations majeures et les requêtes valables des communautés de foi doivent-elles être prises en considération par toute théologie vivante[26].*

*

*   *

Nous allons dans les lignes qui suivent aider l'Église africaine à comprendre les enjeux doctrinaux qui parfois ne tiennent pas compte des défis socioéconomiques du vécu chrétien. Ceci dans l'espoir de motiver les croyants africains à prendre leurs responsabilités face à la paupérisation dans nos nations, à la précarité dans nos villes et à la promiscuité dans nos familles. Faisons un bref survol historique des tendances millénaristes inévitables qui dictent les positions des dénominations mères. Ces tendances influencent la vision prospective du monde, et par conséquent l'engagement sociétal.

---

venu parfaire l'œuvre de Dieu. À son départ, Il a confié à l'Église de continuer la mission jusqu'à son retour. Il travaille aujourd'hui dans le monde au travers de son corps qui est l'Ecclésia.

[26] *Ma foi d'Africain*, p.81.

Nous n'avons pas à blâmer les tenants de telle ou telle doctrine. La connaissance scripturaire continue d'augmenter. Nous connaissons partiellement, disait l'apôtre Paul. Les circonstances et les périodes peuvent divertir au point d'induire en erreur d'illustres serviteurs. En parcourant les passages suivants, nous cherchons à faire comprendre ce que nous avançons, dans le seul but de l'édification de l'ecclésia :

Luc 19 : 11 *Ils écoutaient ces choses, et Jésus ajouta une parabole, parce qu'il était près de Jérusalem, et qu'on croyait qu'à l'instant le royaume de Dieu allait paraître.*

Act.1 : 6 *Alors les apôtres réunis lui demandèrent : Seigneur, est-ce en ce temps que tu rétabliras le royaume d'Israël ?*

1 Thes.4 :15 -17 *Voici, en effet, ce que nous vous déclarons d'après la parole du Seigneur : nous les vivants, restés pour l'avènement du Seigneur, nous ne devancerons pas ceux qui sont morts. Car le Seigneur lui-même, à un signal donné, à la voix d'un archange, et au son de la trompette de Dieu, descendra du ciel, et les morts en Christ ressusciteront premièrement. Ensuite, nous les vivants, qui serons restés, nous serons tous ensemble enlevés avec eux sur des nuées, à la rencontre du Seigneur dans les airs, et ainsi nous serons toujours avec le Seigneur.*

La lecture sans commentaire de ces versets, nous donne de comprendre quelles étaient les préoccupations des premiers croyants. Sachant qu'ils étaient sous domination romaine, ils aspiraient à la liberté et au règne de Dieu. Voyons comment cela s'est traduit dans l'histoire pour l'Église, et comment nous en sommes encore grandement influencés de nos jours.

Position millénariste

En écrivant ces lignes, nous sommes bien conscients que le thème du Royaume de Dieu est un casse-tête pour les théologiens, et continue à faire couler beaucoup d'encre parmi les commentateurs bibliques. Et ceci pour plusieurs raisons, car le mot ''millenium[27]'' n'apparaît dans la Bible que dans le passage du dernier livre du Nouveau Testament appelé Apocalypse ou Révélation au chapitre 20 :2-7. En effet, ce livre est rempli de symboles au point où on se demande, s'il faille considérer littéralement le terme. Nous devons donc être indulgents envers les tenants de telle ou telle position millénariste. Pour économiser du temps et ne pas nous perdre dans les dédales labyrinthiques théologiques, considérant seulement les trois voire quatre grands courants ou pensées :

1- Prémillénarisme

Cette position a deux tendances à savoir le Prémillénarisme historique et le Prémillénarisme futuriste ou Dispensationalisme. Que peut-on apprendre de ces tendances ?

a- *Le Prémillénarisme historique* : le règne de mille ans de Jésus est pris à la lettre. Quand le Christ reviendra à son second retour, il dirigera le monde théocratiquement, alors

---

[27] Mille ans en latin.

que Satan sera lié pour mille ans. Le royaume de Dieu sera alors vécu dans sa plénitude sur la terre. Vers la fin des mille ans, Satan sera délié pour séduire les nations avant que n'intervienne sa destruction finale et le grand jugement.

La plupart des penseurs bibliques croient que l'Église primitive avait une tendance prémillénariste. Les persécutions des trois premiers siècles les plaçaient dans une position d'anticipation du retour du Seigneur pour le rétablissement du royaume. C'est ainsi qu'en plus de la salutation Shalom qu'ils adressaient les uns aux autres, est venue s'ajouter Maranatha, pour s'encourager à tenir bon dans les épreuves, car le Seigneur revient bientôt pour mettre un terme à leurs souffrances.

Ce retour imminent du Seigneur était aussi une raison d'accélérer l'évangélisation du monde et d'afficher la résilience face aux dures persécutions dans l'empire romain, et ce jusqu'à l'accession de l'empereur Constantin au trône, qui fera du christianisme la religion officielle dans tout l'empire. Les écrits de Paul reflètent aussi cette attente de l'Église primitive.

b- **_Prémillénarisme futuriste :_** le déclin de la pensée postmillénariste développée ici-bas, va voir l'émergence du dispensationalisme. Seulement, il y a un désintérêt des choses terrestres pour se focaliser sur le ciel. Ceci conduira aux foisonnements des mouvements libéraux qui prôneront l'Évangile social en réaction. En contre réaction, les mouvements fondamentalistes ou piétistes vont voir jour pour combattre le libéralisme évangélique.

Cette tendance insiste beaucoup sur Israël en tant qu'État physique. Quoiqu'il y ait dissonance[28] parmi eux, le règne théocratique du Messie sera à Jérusalem pour mille ans, et il y aura beaucoup de conversions de Juifs.

La seconde tendance que nous allons voir est celle dite des Amillénaristes survenue après la période apostolique.

2- *Amillénarisme*

En adoptant une position eschatologique bibliciste, les Amillénaristes pensent que les mille ans sont symboliques, et que le règne de Christ a commencé depuis sa première venue et prendra fin à son second retour. Chronologiquement après la période postapostolique, la pensée amillénariste a pris le dessus jusqu'au 17e siècle. Cela s'explique par la fin de la persécution contre l'Église grâce à l'accession de l'empereur Constantin au pouvoir. Nous voyons cela historiquement dans l'officialisation de l'Église ou l'étatisation du christianisme. L'Église régnait ici-bas, et les âmes des croyants morts en Christ régnaient avec lui dans les cieux.

Depuis Augustin jusqu'aux réformateurs, l'Amillénarisme était la théologie dominante. C'est ainsi qu'il y avait un engouement dans l'engagement de l'Église pour transformer la société. On pensait à tort que la réforme introduisait le monde dans les temps de la fin.

---

[28] L'eschatologie de C.M. Mackintosh qui pensait que l'Église serait enlevée avant l'apparition de l'État d'Israël et celle de J.N. Darby soutenue par C.S. Scofield vont grandement influencer la pensée biblique.

3- Postmillénarisme

Pour cette tendance, c'est le ministère de l'Église qui induira graduellement le millénium dans le monde jusqu'à le transformer. Il faut prendre d'assaut toutes les sphères de la société pour les transformer. C'est la seule manière de réduire le mal dans le monde. Jésus reviendra après la période des mille ans symboliques pour la dernière étape de l'histoire de l'Église.

La pensée postmillénariste a caractérisé la période de la mission moderne, et la théologie eschatologique de plusieurs mouvements de réveil au 18e siècle. Elle va néanmoins être influencée par le darwinisme qui a fait beaucoup de mal à l'Église. Il faut placer cette période dans le contexte de l'humanisme, du relativisme en Occident, qui a battu en brèche la foi chrétienne et a amené certains chrétiens à adopter la pensée évolutionniste et non créationniste du monde.

La guerre de Sécession aux États-Unis mettra grandement en doute la théorie postmillénariste, et la création de l'État d'Israël sera le dernier coup qui abat l'arbre. Balayée du revers de la main, ces évènements ont montré que le monde va de mal en pis. Une doctrine ne peut se bâtir sur des réactions par rapport aux situations de désespoir dans le monde.

Ainsi, nous devons rester assez humbles, demandant à l'Esprit du Seigneur d'illuminer les yeux de nos cœurs. Nous sommes sauvés par la foi en Jésus-Christ et non par les doctrines, seulement elles peuvent nous priver de l'avant-goût du royaume sur cette terre. Sans minimiser l'apport des docteurs de la Bible, mais en laissant les autres interpréter la parole à notre place au lieu du Saint Esprit, nous devenons partisans, et cela a des conséquences dans nos rapports avec nos frères. Le dénominationalisme est l'un des graves maux dont souffre l'Église en Afrique. Nous nous sommes gardés de mentionner les dénominations des différentes tendances millénaristes, puisque ce qui est important, c'est de voir les Africains contextualiser la parole de Dieu, et non d'accepter sans réfléchir les positions dogmatiques venues d'outre-mer comme parole d'évangile. L'enjeu du développement est au-delà de nos dénominations.

Cela étant, nous fermons donc cette introduction, ainsi que cette grande parenthèse liminaire relative au millénarisme, pour revenir à la problématique du développement. Nous espérons que nous contribuerons à la compréhension d'un engouement, d'un engagement circonspect ou d'une reluctance envers le développement.

PREMIÈRE PARTIE : L'ÉGLISE ET LE DÉVELOPPEMENT SOCIAL LOCAL (DSL)

L'histoire contemporaine de l'humanité décrite par des auteurs sérieux ne fait pas l'économie de la contribution significative du christianisme[29] dans le développement des sociétés et l'évolution[30] des civilisations dont jouissent aujourd'hui les hommes. Les missionnaires qui ont parcouru le monde, pour amener la lumière dans les régions ténébreuses, n'ont pas seulement prêché le salut des âmes, mais ont participé activement à soulager les peuples des détresses, des épidémies qui décimaient voire des fléaux qui ravageaient à cause de l'ignorance en ces temps.

Les exemples ne manquent pourtant pas, nonobstant les évènements historiques issus de jugements obreptices qui tendent à dissimuler les vérités et tentent de discréditer les actifs crédités au compte de l'Église[31]. Nous maintiendrons un

---

[29] Le pape Jean Paul II a milité sans succès pour que soit inscrite dans la Constitution Européenne, la racine de la civilisation dont est issue l'Europe grâce au christianisme.

[30] Jacques Ellul croit que la notion hébraïque (linéaire du temps) a contribué pour ne pas dire est le fondement du développement qui, selon lui, est une marche en avant et non un retour en arrière (Ellul : *Sans feu ni lieu*, p. 290). C'est peut-être vrai. Le seul bémol est la notion de la réincarnation qu'on trouve dans le judaïsme – si cela ne ressort pas dans la Torah, les commentateurs du Talmud et du Mishna y font référence – et qui fait penser à un processus cyclique plutôt que linéaire.

[31] En témoigne une telle position outrecuidante : « En ceci, notre système économique ne peut tolérer l'Église aussi longtemps que si son point de vue est complémentaire dans le rapport de la relation de Dieu avec le

équilibre objectif dans les rapports des activités ecclésiales à cet effet, et nous admettons que tous les missionnaires n'ont pas été de bons enfants de cœur. Le continent européen est un bel exemple de ce que nous avançons. Jusqu'au début des deux millénaires passés, la prospérité commerciale rimait avec l'idolâtrie. La grandeur militaire de Rome[32] qui a subjugué le monde connu d'alors, après l'emprise du sophos et de la mythologie grecque, n'a rien pu faire pour débarrasser le vieux continent[33] des pratiques obscurantistes et païennes des adorateurs des corps célestes et de toutes les conséquences qui allaient du cannibalisme aux sacrifices des enfants.

La transformation des Thessaloniciens[34] dont parle Paul, qui se seraient détournés des idoles pour adorer le Dieu vivant et vrai, et ce malgré de rudes persécutions de la part des Judaïques et des Romains, est une évidence. Les épreuves n'entameront pas la détermination de ces néophytes, au contraire, une contagion se fera telle une interférence

---

monde. L'Église ne doit pas entrer en collision avec la logique économique. Elle n'a aucune compréhension de cela. Elle doit – comme la plupart de nos grandes entreprises semblent le dire – de rester cloîtrée dans son ''propre territoire''. À chacun sa spécialité! ». *The economics of honour*, p.8 (la traduction est nôtre).

[32] Après les Mèdes, les Perses, les Grecs, ce sont les Romains qui ont dominé le monde jusqu'à l'avènement de la puissance dominatrice des conquérants arabes pour finir par les Ottomans.

[33] Le comportement de Barbares, la bravoure mortifère des Vikings, la cruauté des Celtes se démentiront devant le combat que mènent aujourd'hui les Européens pour faire respecter les droits humains dans le monde. À en dire vrai, la civilisation a commencé en Orient pour arriver en Occident. Ce dernier n'est donc pas le berceau de la civilisation.

[34] Voir les épitres de Paul aux Thessaloniciens dans le Nouveau Testament.

centrifuge pour atteindre de lointaines contrées comme l'Achaïe et la Macédoine.

La période médiévale verra une reviviscence du christianisme par la dialectique initiée par les scolastiques qui associaient foi et raison, théologie et philosophie, divin et naturel, Bible et tradition, Sauveur et Marie. Les débats contradictoires académiques qui font avancer la connaissance ont vu le jour dans ces universités médiévales. La réforme protestante illuminera davantage les pensées, et les problèmes sociaux trouveront des répondants par l'engagement chrétien. Peut-on se désolidariser aujourd'hui d'un monde aux abois parce qu'il s'est déchristianisé en se détournant de l'Évangile tel le cas de l'Occident sécularisé ?

Nous croyons que l'Église[35] a quelque chose à offrir au monde. Luther par la réforme a donné à l'Allemagne une bonne base dans son développement, et une grandeur qui a du mal à s'estomper malgré l'interlude hitlérien. Wyclif, en dépit de son martyre prématuré, a frayé la voie à la réforme ayant fait pour sa part un travail de précurseur ; il a légué aux britanniques un héritage qui fera de la Grande Bretagne l'empire sur lequel le soleil ne se couche jamais. Soit ! C'est de l'histoire, mais qui a le mérite d'être racontée. Calvin a influencé les sociétés par ses pensées inspirées des Saintes Écritures. Plusieurs missionnaires sans être des théologiens de

---

[35] Les mots Église et Christianisme sont interchangeables dans cette approche. L'histoire du christianisme est aussi celle de l'évolution de l'Église, mais pas de l'ecclésiologie. Le dessein divin est compris sur cette terre par l'Église qui cherche à l'induire dans la société par la manifestation du royaume de Dieu.

l'acabit du réformateur de Genève, ont transformé des nations dans des régions inhospitalières. Sans être exhaustifs, nous pouvons citer : William Carey en Inde, Hudson Taylor en Chine, David Livingstone en Afrique Centrale, Charles Studd et de nombreux autres.

L'influence du christianisme s'explique par les transformations de nations telles la Corée du Sud, le Brésil, et même la Chine communiste pour ne citer que celles-là[36]. Si le continent africain semble réfractaire, alors que bon nombre de pères d'église figuraient parmi les Africains – on n'exagère pas en disant que l'Afrique du nord était le bastion du christianisme dans les premiers siècles de notre ère – il serait temps de considérer la problématique sous l'angle de l'implication et de l'apport des communautés chrétiennes africaines dans la construction et la transformation de leurs nations.

Pour notre part, nous croyons que c'est à chaque croyant de calquer ses faits et gestes sur le modèle du Leader par excellence du christianisme – ne pas devenir comme lui, mais d'agir comme lui – en se posant à chaque fois la bonne question : que ferait-il à ma place ? C'est dans cette

---

[36] La Corée du Sud avec environ 20% de chrétiens est devenue l'une des principales forces missionnaires dans le monde. Économiquement, c'est l'un des dragons asiatiques et une puissance mondiale. La montée des évangéliques a aussi fait du Brésil une force missionnaire après les États-Unis et la Corée du Sud.
Il est vrai que la Chine a adopté la politique d'un État à deux systèmes, conjuguant ainsi l'idéologie communiste sur le plan politique au système économique capitaliste. Seulement le réveil spirituel en Chine est accompagné par le développement socioéconomique et la prospérité de la nation chinoise.

perspective que nous croyons que les communautés de foi peuvent servir de communauté de base. Non seulement qu'elles permettront à la lumière de luire dans les ténèbres, mais en plus, elles seront un prochain comme dans la parabole du Bon Samaritain. André Bélier l'exprime en ces termes : « l'homme responsable, c'est celui qui répond à la vocation que Dieu lui adresse en Christ en engageant intégralement toute son histoire, toutes ces décisions et toutes ces activités, personnelles, culturelles, économiques, sociales et politiques. Un tel engagement est le contenu de l'engagement religieux[37] ».

Cette première partie nous permettra d'apprécier ce que le monde doit au christianisme au sens strict du terme. Que serait le monde aujourd'hui sans l'apport de la puissance transformatrice de l'Évangile ? De nos jours, la mission intégrale s'inscrit dans cette même optique, seulement s'il faille attendre des congrès mondiaux, des conférences internationales et des consultations continentales pour donner une orientation au peuple de Dieu, d'amorcer ou de s'appesantir sur la transformation qui doit accompagner la proclamation de la bonne nouvelle du royaume de Dieu, il serait difficile de rattraper le temps, qui fait énormément défaut de manière systémique dans la marche du monde. Car l'objectif aujourd'hui s'apparente à rattraper l'Occident dans son modèle de développement, ce qui ne devait pas l'être.

Comme le précisent ces réflexions émanant des auteurs du manuel de formation en mission intégrale : « l'Église locale

---

[37] Belier, André (1970). *Une politique d'espérance. De la foi aux combats pour un monde nouveau.* Éd. Le Centurion, Paris, p. 39.

est au centre de la transformation communautaire. Cependant, elle limite le plus souvent son action à la seule proclamation de l'Évangile et met sous silence l'aspect démonstration qui devrait enclencher la transformation communautaire[38] ». Un peu plus loin on peut encore lire : « …les Églises locales ont le devoir et la capacité d'apporter une contribution énorme à la réalisation… notamment à la communication et à la démonstration de l'Évangile. Ceci conduirait entre autre à la réduction de la pauvreté, à la transformation des vies, et au développement holistique des gens[39] ». Dans la préface du livre *Une politique d'espérance. De la foi aux combats pour un monde nouveau*, Helder Camara écrit ceci :

> *Les documents choisis ''nous placent d'emblée au cœur de la grande mêlée humaine, aux points chauds de l'histoire où nos compatriotes affrontent les plus dures réalités et où l'Église est obligée de s'interroger, avec un réalisme authentique dépouillé de toute complaisance spéculative, sur la signification profonde de sa vocation aujourd'hui et sur les motivations essentielles de son action et de son intervention dans le monde''[40] .*

Et l'auteur lui-même ajoutera : « la vérité sur l'homme et sur la société ne peut être connue que par une interrogation constante de la révélation chrétienne et un examen continu de la réalité historique du monde en continuelle évolution[41] ».

---

[38] *Manuel de formation Mission Intégrale*, publié par CITAF et Tear Fund, p. 55.

[39] Ibid., p. 91.

[40] Bélier André, op. cit., p. 9.

[41] Ibid., p.10.

Dans cette première partie de notre ouvrage, nous présenterons une structure fonctionnelle –qui peut servir de proposition aux aspirants – de l'ecclésia idéale, ainsi que son opérationnalité. Nous argumenterons ensuite sur l'utilité de l'ecclésia dans la société, avant d'entrevoir les fondements scripturaires du développement. Nous terminerons par quelques réalisations de l'Église.

CHAPITRE 1 – ECCLÉSIA

Du grec *Ecclésia*, étymologiquement le mot Église veut dire *appelé hors de*. En fait, le terme est composé de l'adverbe *ek* (hors de) et de *klêsia,* flexion du verbe kaleo (appeler). Malheureusement, les exégètes n'ont pas toujours précisé les contours et le contexte où Jésus aurait utilisé ce vocable. C'est ainsi que tout au long de l'histoire du christianisme, les croyants ne se préoccupent pas de la politique de la cité, et ce comportement a des répercussions sur l'engagement chrétien. Si la praxis est le tendant d'Achille des communautés chrétiennes, cela est en grande partie dû à cette approche lacunaire, où les chrétiens sont « appelés hors du monde », « ils ne sont pas du monde », et par ricochet n'ont rien à faire dans ce monde[42]. Ceci même en dépit de l'interpellation ''vous êtes le sel de la terre, vous êtes la lumière du monde'' qui serait le sens profond de l'être de l'Église. Par ailleurs, sa fonction de ministère est non seulement de conscientiser ses membres à l'état du monde, mais aussi à leur pourvoir les outils de transformation, en octroyant à ces derniers tout ce que le Seigneur leur destine.

---

[42] Paul a écrit dans 1 Cor 5 :9-10 : « Je vous ai écrit dans ma lettre de ne pas avoir des relations avec les impudiques, <u>non pas d'une manière absolue</u> avec les impudiques de ce monde, ou avec les cupides et les ravisseurs, ou avec les idolâtres ; autrement, il vous faudrait sortir du monde ». Nous avons souligné NON PAS DE MANIÈRE ABSOLUE. Il serait intéressant à ce sujet de lire le fameux livre de John White, *Le Monde, une cohabitation possible* ? Pour une bonne compréhension de la ligne rouge à ne pas franchir. Une autre édification vient de Jean Lasserre qui a su bien poser le problème dans l'introduction de son essai *Les Chrétiens et la violence*.

Dans le monde, l'Église est la seule société qui existe de manière altruiste et non narcissique. Distincte du monde, elle œuvre avec abnégation pour le bénéfice de ceux qui ne sont pas membres, en s'engageant et en s'impliquant dans les affaires de la cité dans toutes ses facettes, connaissant mieux que quiconque les desiderata des êtres humains, même si certains besoins des hommes sont incompatibles avec les convictions chrétiennes.

Nous allons laisser de côté les traditionnels rôles de l'Église[43] à savoir libérateur, sacerdotal et prophétique. Par contre, dans un aperçu panoramique de la mosaïque que semble offrir l'Église, nous survolerons quelques considérations au nombre de trois qui serviront de cadre au tableau.

1.1. CONSIDÉRATION THÉOLOGIQUE

Le mot Église est aujourd'hui un terme tendanciel à la limite polysémique. Jésus est le premier et le seul à l'utiliser à deux reprises dans les Évangiles[44]. Le seul livre historique du Nouveau Testament où le terme apparaît de

---

[43] Les théologiens distinguent généralement trois fonctions fondamentales et permanentes de l'Église : la marturia (le témoignage ou la proclamation de l'Évangile), la diakonia (le service charitable ou social), et la koinonia (la communauté ou communion des membres de l'Église les uns avec les autres). Nous reviendrons en détail dans la section en cours.

[44] Cf. Mat.16 :18 ; Mat.18 :17.

Nous n'entendons pas faire de l'ecclésiologie dans cette partie, mais seulement nous référer à quelques passages scripturaires néotestamentaires.

nombreuses fois, est le livre des Actes des Apôtres qui décrit la naissance de l'Église le jour de la Pentecôte quand le Saint-Esprit descendit sur les disciples au nombre de cent vingt dans la Chambre Haute. L'apôtre Paul est celui qui prétendra dans ses nombreuses missives épistolaires, révéler le mystère de l'Église qui serait le corps du Christ dont ce dernier serait lui-même le chef.

Dans l'Ancien Testament, le terme Assemblée était utilisé pour désigner le peuple hébreu qui était composé exclusivement des douze tribus d'Israël et par extrapolation le peuple Juif. On peut voir une typologie avec le ''Peuple de Dieu'' dans la nouvelle alliance, issu de toutes les nations.

César avait son Assemblée – son ecclésia – qui siégeait en dehors de la ville pour traiter des affaires de la cité, de son empire. Celui de Jésus n'est pas de ce monde, il va aussi instaurer son Assemblée à lui – son ecclésia – pour traiter des problèmes de son royaume. C'est ainsi que nous pouvons comprendre l'utilisation de ce terme « Église[45] ». D'aucuns

---

[45] Dans le *Manuel de Formation sur la Mission Intégrale* produit par CITAF et Tear Funds on peut lire :

- Pour les Grecs, l'Église est l'image d'une assemblée des citoyens/citoyennes convoqué(e)s pour décider des affaires publiques (Act.19 :32) ;
- Pour les Hébreux, l'ekklêsia était l'image de l'assemblée ou de la congrégation d'Israël (Act.7 :38). Étienne l'emploi pour le rassemblement du peuple de Dieu ;
- Pour Jésus, l'Église est l'ensemble de Ses fidèles croyant(e)s dans le monde entier (Mat.16 :18b ; Jn 17 :20-21a ; Act.1 :8) ;
- Pour les Apôtres, l'Église est le corps de Christ dont nous sommes membres et dont Christ est la tête, Eph. 1.22-23 ; Col 1 :18 ; 1 Cor 12 :12-13.

pensent que le royaume de Dieu dont il est question dans la Bible serait seulement spirituel pour l'Église et plus tard, il sera terrestre pour Israël[46]. Une telle approche théologique, selon nous, exclut l'herméneutique de l'action, paralyse le ministère holistique, étrangle la diaconie, sape la praxis, enterre le développement intégral.

Les types d'Église varient en fonction des dénominations[47]. Il y a les assemblées, les congrégations, les communautés, les paroisses. Chaque type a un fonctionnement qui le caractérise, et une organisation bien structurée. L'avènement du protestantisme a ouvert la voie à la prolifération des dénominations et des églises indépendantes. Le tout sur fond de divergence d'interprétation de passages bibliques, de dogmes ou de révélation scripturaire. Nous ne nous étalerons pas sur ces aspects qui ne sont pas significatifs pour notre sujet. Nous sommes toute fois conscients que le style du leadership et les structures organisationnelles peuvent influencer les approches proposées.

Sans nous laisser entrainer dans l'ecclésiologie, nous ouvrons une parenthèse en empruntant des termes théologiques qui vont résumer l'énoncé discursif de cette

---

[46] Nous avons déjà résumé au début de ce livre les différents courants de pensée eschatologique sur le millénium, et nous n'allons pas y revenir.

[47] On trouve en général trois groupes : les épiscopaliens, les presbytériens et les congrégationalistes.

considération[48] relative au mandat ou à la mission de l'ecclésia – individuel ou grégaire :

- *Marturia* : Les disciples sont des témoins. Le témoignage n'est pas seulement narratif, il peut aussi être factuel. Les dignes exemples des chrétiens primitifs en face des épreuves ont fait école tout au long de l'histoire du christianisme.

- *Kerygma* : La proclamation de la parole qui est aussi l'annonce de la bonne nouvelle passe par la communication. Les NTIC[49] montrent l'importance du visuel dans la société postmoderne. Les gens écoutent aujourd'hui avec leurs yeux, affirmait Rabi Zakaraï dans son intervention à Amsterdam 2000[50].

- *Koinonia* : La communion fraternelle. Le modèle de la communauté[51] de vie exemplifié par Jésus, suivi par l'Église primitive, montre que l'ecclésia est une famille spirituelle dont la communion n'est plus à démontrer.

---

[48] Une autre manière de résumer en quelques mots la mission de l'ecclésia. Beaucoup de choses peuvent être dites sur la fonctionnalité et l'opérationnalité de l'Église. Nous mettons en exergue seulement l'aspect le plus représentatif et facilement assimilable.

[49] Nouvelles Technologies de l'Information et de la Communication.

[50] Grande Conférence sur l'évangélisation organisée par l'Association de Billy Graham en l'an 2000 à Amsterdam réunissant plusieurs milliers de participants venus du monde entier.

[51] Le pasteur allemand Dietrich Bonhoeffer a écrit dans son livre *Vivre en disciple* que la communauté chrétienne était le sanctuaire de Dieu dans le monde.

- *Diakonia* : Les actes de miséricorde ou le service. La Bible parle de la compassion comme un acte émanant des entrailles de miséricorde. Ce service est donc la conséquence de la compassion qui ne peut laisser personne indifférente devant une situation qui interpelle.

- *Leitourgia* : Adoration mais aussi service. Après avoir résisté à la tentation durant quarante jours, les anges sont venus servir – adorer – Jésus. Cela nous montre une autre facette de l'adoration[52] qui n'est pas seulement le fruit des lèvres, mais aussi un service dévoué qui s'effectue avec abnégation.

Nous fermons cette parenthèse théologique et ecclésiologique pour passer à la seconde considération qui est celle dite pratique.

1.2. CONSIDÉRATION PRATIQUE

Nous allons utiliser deux types d'images pour cette description pratique[53] de l'Église. La première image est

---

[52] Une belle image est la merveille de la transfiguration qui a ébloui les trois disciples sur la montagne, les emportant dans une adoration glorieuse à ne jamais quitter la présence divine. **Adoration.** Seulement une fois dans la vallée, les autres disciples essuyaient un échec lamentable et cuisant en face d'un possédé. **Service.** Le Seigneur a réuni les deux.

[53] Ces réflexions sont partagées avec nos étudiants missionnaires dans le cadre de leur formation comme agents de développement communautaire.

l'Arbre de vie[54] et la seconde est les Quatre murs[55] de l'enceinte ou les différentes facettes de la communauté. L'un ou l'autre de ces types à une approche toute particulière dans la compréhension du fonctionnement de l'ecclésia. Si la première image est plus liée à la fonctionnalité, la seconde est plutôt dans l'opérationnalité, comme nous l'avons précisé plus haut. Ces approches sont des théories élaborées pour plus de visibilité et lisibilité des actions de l'Église qu'on considère trop souvent moribonde voire timorée en face des défis de ce monde.

1.2.1. *L'Arbre de vie*

Less Norman[56] dans le manuel de discipulat qu'il a développé pour édifier les chrétiens dans le monde, décrit l'Église comme un arbre de vie. Nous avons pu à partir de ce type d'image produire un document en quatre parties, lequel développe chacune des composantes de l'arbre à savoir : racines, tronc, feuilles, fruit. Nous ne serons pas exhaustif dans ces présentations mais nous serons plutôt limitatif.

Nous allons esquisser le développement des composants mentionnés en commençant par le premier et le

---

[54] Cette expression apparaît plusieurs fois dans la Bible. Elle est aussi utilisée dans le livre de l'Apocalypse. En l'utilisant nous voulons donner une image dynamique de ce que devait être l'ecclésia.

[55] En donnant une forme rectangulaire et non circulaire au tabernacle, la construction du temple dans la pensée de Dieu est un bloc avec des enceintes. C'est encore un schéma imagé.

[56] Fondateur de DCI.org.uk. Ce lien permet de consulter tout l'ouvrage ainsi que d'autres écrits édifiants, et la politique de la banque des pauvres qui vient en aide à des milliers d'enfants de Dieu dans le monde.

plus important quoique caché aux yeux des hommes, les racines.

1.2.1.1. Les racines

Les racines sont les parties invisibles de l'arbre mais bien enfouies dans le sol et qui lui donnent de la stabilité et de la résistance aux épreuves du temps. En ramenant cette réalité au niveau de l'Église, on parlera des programmes qui se déroulent au sein de la communauté, loin des yeux des personnes étrangères à son fonctionnement.

Les racines constituent le bon fondement spirituel individuel et collectif. Qu'on parle de l'élévation d'un bâtiment ou de la hauteur d'un arbre, la résistance au vent et à la tempête dépend de la profondeur de la fondation ou de la racine principale. Si la profondeur de la fondation n'est pas proportionnelle à la hauteur, la construction sera renversée par un grand mouvement ou secousse tel un séisme, ou une grande pression exercée tel un grand vent. Il en est de même de l'enracinement d'un arbre. Plus la racine principale s'enfonce en profondeur, plus l'arbre résistera au vent et aux intempéries. Il pourra survivre en temps de sécheresse car la racine enfouie profondément en terre fait monter la sève pour alimenter les feuilles.

La qualité de la vie ecclésiastique tient de la spiritualité des membres. Trois éléments[57] forment cette

---

[57] **Prière** : une activité qui n'a pas besoin d'attirer les regards. Jésus parle d'aller dans un lieu secret et de s'enfermer pour la pratiquer. Et quand bien même elle doit se pratiquer en groupe, il n'en demeure pas moins que ce qui est important est la sincérité du cœur qui rencontre Dieu. Une histoire a été racontée à cet effet pour illustrer la forme qui ne sert pas

bonne base qui détermine la qualité dont il est question : la Prière, (obéir) la Parole de Dieu et le Saint-Esprit.

Pour le dernier élément, tout le monde s'accorde à dire dans les milieux protestants que la rareté des charismes

---

toujours la bonne cause quand l'orgueil et l'hypocrisie ont droit de cité. L'importance de la prière peut aussi s'observer dans la vie de Jésus. Elle facilite la communication et engendre les actions spirituelles. La prière est la marque d'une assemblée qui dépend totalement de Dieu pour son existence et son fonctionnement. C'est ce qui caractérisait l'Église d'Antioche où le Saint-Esprit pouvait clairement indiquer la mise à part de Paul et Barnabas dans une vocation missionnaire.

Parole de Dieu : une bonne Église se nourrit de la Parole de Dieu. Jésus avait répondu au diable : « l'homme ne vivra pas de pain seulement, mais de tout ce qui sort de la bouche de Dieu ». Puisqu'aucun iota de la parole de Dieu ne passera, une bonne fondation est l'obéissance aux injonctions des Saintes Écritures. Le psalmiste commence sa saga sapientale par ces mots : « Heureux l'homme qui trouve son plaisir dans la méditation de la loi divine ». L'Église primitive n'avait pas d'archives scripturaires, sinon les parchemins vétérotestamentaires. Néanmoins, elle pratiquait la catéchèse à partir du décalogue, du crédo, du pater. Il est mentionné dans le livre des Actes des Apôtres les piliers qui constituaient les pratiques de l'Église naissante : « ils persévéraient dans l'enseignement des apôtres, dans la communion fraternelle, dans la fraction du pain, et dans les prières ». Sola Scriptura ou l'Écriture seule – en matière de foi – était l'un des quatre principes spirituels de la tradition réformée.

Saint Esprit : le dernier et pas le moindre de ce qui constitue un bon fondement de l'Église est le Saint-Esprit. Les débats contradictoires anachroniques et intempestifs autour du sujet ne devaient en rien entamer le sérieux de l'importance de la place que devait occuper la troisième personne de la trinité dans l'Église. Très tôt Paul avait posé aux Éphésiens la question : « Avez-vous reçu le Saint-Esprit, quand vous avez cru ? Ils lui répondirent : Nous n'avons pas même entendu dire qu'il y ait un Saint-Esprit ». Une bonne Église est conduite par le Saint-Esprit. Son témoignage intérieur est indispensable et vital pour le croyant.

s'est fait sentir à partir du quatrième siècle. Nous savons historiquement que c'est l'époque où le christianisme était devenu la religion officielle dans l'empire romain, et donc synonyme d'entrée massive des païens dans l'Église sans conversion réelle pour fuir la persécution. En un mot l'Église s'est paganisée. La présence des ramassis[58] ne pouvait qu'étouffer et amoindrir son travail.

Voyons la seconde partie de l'arbre, cette fois visible à l'œil, et qui fait apprécier le développement du bois.

1.2.1.2. Le tronc

Le tronc est cette partie dont le développement est caractérisé par la croissance de l'arbre. La hauteur de l'arbre est déterminée par le tronc. Il est très visible et détient des renseignements importants sur la vie de l'arbre. On peut, à partir des circonférences qui sont formées dans le tronc, déterminer l'âge de l'arbre. Les études biochimiques peuvent informer sur les éléments organiques et des activités métaboliques conséquentes qui se sont déroulées dans un périmètre rapproché de l'arbre.

En rapportant le tronc à l'Église, on parlera des programmes de croissance qui contribuent à la quantité, soit l'aspect

---

[58] L'incrédulité et l'impiété de ces intrus ont conduit à des châtiments divins suite aux murmures incessants du peuple contaminé et entraîné contre Moïse. S'il est vrai que les apôtres se plaignaient déjà de la présence des faux apôtres – selon Paul, cf. 2 Cor 11 :13 – des impies – selon Jude, cf. Jud. 4 – des antéchrists – selon Jean, cf. 1 Jn 2 :18 – et des faux docteurs – selon Pierre, cf. 2 Pi 2 :1 – le degré de la corruption morale et spirituelle de l'Église n'était en rien comparable à ce qui se produira avec l'arrivée des païens saupoudrés de l'Évangile édulcoré, dilué dans des traditions du paganisme.

numérique de l'Église. Certes, des méthodes de marketing voire des propositions mensongères peuvent drainer des foules à la recherche du bonheur. Malheureusement, tôt ou tard la désillusion se pointera. Le développement du tronc ou la croissance numérique de l'Église se fait par la réalisation des programmes[59] tels : Évangélisation, Discipulat et Soins des pauvres.

---

[59] **Évangélisation** : le livre des Actes des Apôtres montre combien l'Église croissait numériquement en peu de temps suite aux différents témoignages des manifestations surnaturelles et des prédications de l'Évangile du royaume. Le témoignage – par la parole, les actes, la persuasion, la présence – aboutit à la conversion des âmes. Il n'y a que l'Église qui n'évangélise pas qui ne croit pas numériquement. Nous ne parlons pas des phénomènes des croyants qui vont d'église en église, mais la conversion de nouvelles personnes. Nous faisons aussi l'économie des diverses méthodes d'évangélisation qui doivent s'adapter au contexte.

Discipulat : Si l'évangélisation est synonyme d'addition dans le phénomène de la croissance, le discipulat est pour lui la multiplication. Pratiqué par Jésus et les premiers disciples, le discipulat a été déformé dans le temps pour se résumer à un programme de formation de nouveaux convertis. C'est par contre un processus de reproduction du leader dans la vie de son élève. L'affermissement du néophyte permet son intégration dans la nouvelle famille spirituelle, mais l'engage aussi dans la responsabilité de se reproduire dans de nouvelles personnes. C'est aux disciples que le nom chrétien a été donné.

Soins des pauvres : Si l'évangélisation et le discipulat visent l'encadrement spirituel du croyant, le « soin des pauvres » s'attèle aux besoins physiques, sociaux, matériels ou corporels du croyant. Quand l'Église s'efforce de prendre en charge les membres nécessiteux, elle témoigne de la compassion qui a toujours animé Jésus, et qui attirait des foules à ses réunions. L'attention prêtée aux malheureux avait qualifié un Samaritain en même temps qu'elle avait disqualifié un prêtre et un lévite. L'Éternel est le Dieu des pauvres, et prendre soin de ces derniers, les attire dans la maison de Dieu qui est l'Église.

L'avant dernière partie de l'arbre qui caractérise sa productivité, est les fruits. Ils permettent de juger si l'arbre[60] est bon ou mauvais en fonction de sa comestibilité et confirme sa productivité qui n'est pas que la floraison. Les fruits sont aussi visibles.

1.2.1.3. Les fruits

Les fruits déterminent la qualité et aussi la nature de l'arbre. Il est écrit dans les Écritures on connaît l'arbre à son fruit. Si certains arbres sont recommandés pour offrir de l'ombrage et permettre aux gens de profiter de leur existence, d'autres doivent impérativement produire des fruits comestibles. L'importance de certaines catégories d'arbres est donc liée à leurs fruits. Des recherches et des techniques permettent aujourd'hui des greffes, des améliorations de qualité et de grosseur, des productions précoces. Le fruit[61] peut symboliser : les nouveaux

---

[60] L'histoire du figuier maudit est très intéressante, lui qui portait des fruits non matures et qui a subi la colère de Jésus, cf. Mc 11 :13ss. On voit aussi que le jugement porté à l'arbre dépend des fruits qu'il porte, et encore ici, l'accent est mis sur la fonction nutritive de l'arbre.

[61] Les nouveaux convertis issus du travail d'évangélisation. Tout travail effectué doit s'attendre à un résultat. Quand on investit pour le salut des âmes, on doit recueillir les fruits. C'est en cela que l'encouragement est partagé dans le groupe. Les nouvelles personnes qui intègrent le milieu sont les fruits de la prière, du témoignage et du suivi. Mais pour que le fruit demeure, il faut en prendre soin. L'Église n'est pas un mouroir mais un incubateur.
La bonne qualité de la vie chrétienne qui fait suite à l'application personnelle des enseignements bibliques dans la vie quotidienne synonyme d'obéissance à la parole de Dieu. L'obéissance garde dans la faveur divine, fermente l'intimité. Accélère la croissance spirituelle. La bénédiction est aussi liée à l'obéissance. L'intégrité et l'éthique sont aujourd'hui des qualités rares mais possibles grâce à une bonne relation

convertis, la bonne qualité de la vie chrétienne, le développement du fruit de l'Esprit.

Le fruit se manifeste par une chaîne qui se traduit par des leaders qui encadrent des leaders, des disciples qui font des disciples et des églises qui implantent de nouvelles églises. La vie est en activité et se manifeste.

Une dernière composante de l'arbre : les branches et les feuilles qui favorisent l'ombrage. Elles servent de couvertures économiques. Ceci est très important car en parlant de soins des pauvres, on peut voir pointer les problèmes pécuniaires.

1.2.1.4. Les feuilles

Nous avons mentionné la mission et le soin des pauvres dans la partie relative au tronc. Ces activités demandent de l'argent. Les feuilles sont les couvertures économiques qui chapeautent toute la structure de l'Église pour répondre aux besoins matériels et financiers. Sans minimiser les sacrifices auxquels consentent de nombreux croyants pour amener leurs aumônes afin de contribuer à l'avancement du royaume, nous savons que ces recettes restent en deçà des besoins ressentis. L'Église doit donc

---

qui fait demeurer le croyant dans la présence de son Dieu, et lui permet de porter beaucoup de fruits.

Le développement du fruit de l'Esprit dont parle le livre de Galates en est aussi symbolisé : l'amour, la joie, la paix, la patience, la bonté, la bénignité, la fidélité, la douceur, la tempérance. L'évidence de l'Esprit est donc manifestée par le fruit. La chair ne peut singer pour longtemps le fruit de l'Esprit. La chair n'a pas de place dans une Église où les croyants manifestent le fruit de l'Esprit.

trouver des moyens de générer de l'argent[62] pour le soutien missionnaire et l'encouragement des anciens qui travaillent à l'enseignement de la Parole.

Il y a une expression redondante dans la Bible, ''ne pas avoir d'indigent[63] parmi le peuple'' de Dieu. En s'attaquant aux inégalités sociales, à l'injustice, au chômage, à la misère, l'Église peut offrir à ses membres une vie de qualité, meilleure que ce que le monde offre. L'une des fonctions du leadership est de développer et motiver les individus. Si elle devait s'appliquer, les préoccupations des croyants devraient aussi être prises en compte par la communauté[64]. Et c'est tout cela l'intérêt du développement économique communautaire que nous envisageons.

---

[62] Si les versets pichés çà et là par les prédicateurs de l'Évangile de prospérité sont souvent hors contexte, il n'en demeure pas moins que Dieu désire la prospérité de son peuple. Jésus s'est appauvri pour enrichir ceux qui mettent leur confiance en Lui. Mais là où le bât blesse, c'est que les orateurs profitent de la naïveté des auditeurs pour s'enrichir à leur détriment. La prospérité ne consiste pas à profiter des autres mais à partager avec eux les bénédictions dont on jouit.

[63] Lire Deut.15 :4 et Act.4 :34. La prospérité du peuple de Dieu est tributaire de l'obéissance à la parole de Dieu. À chaque fois que le peuple suivait les commandements de son Dieu, il était victorieux et béni. La désobéissance entrainait la malédiction et la misère.

[64] Cette pratique réclame une transformation de la mentalité des croyants. Dans notre société de consommation, le développement conditionné par le capitalisme est l'accumulation de la richesse, de l'épargne personnelle ou familiale. Cela va à l'encontre de la pratique de l'Église primitive qui distribuait les recettes pour une consommation immédiate. Et pourtant leur système ne posait aucun problème, il n'y avait pas d'indigent parmi eux. La Bible ne dit-elle pas : « celui qui donne libéralement s'enrichit, et celui qui épargne à l'excès s'appauvrit » (Prov.11 :24) ?

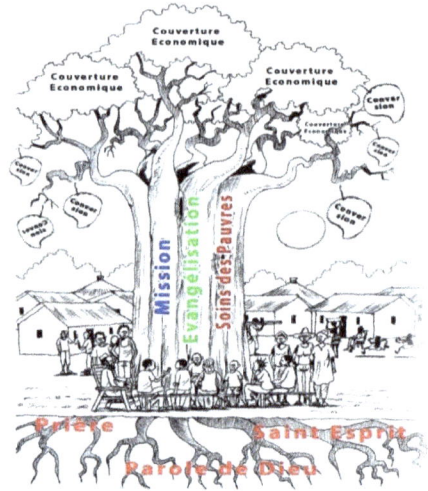

Dessin symbolisant l'Arbre de Vie

Le deuxième type d'image de l'Église est celui qui représente les quatre murs de l'enceinte d'une communauté de foi. Chaque mur revêt d'une importance unique, et le tout rend complet le fonctionnement de l'Église dans sa responsabilité, qui envers les membres de la communauté de foi, qui envers les autres défis dans la localité.

1.2.2. Les Quatre murs

Cette seconde image[65] solidaire et complémentaire de la première dépeint un peu plus la nécessité de la paroisse

---

[65]Contrairement à l'Arbre de vie qui met plus l'accent sur le fonctionnement spirituel de l'Église à l'exception des soins des pauvres et de la couverture économique, les Quatre Murs sont plus prononcés sur l'apport dans le développement socioéconomique des croyants.

diaconale. El-Shaddaï est le nom de Dieu dans l'Ancien Testament qui fait allusion à Celui qui est puissant et suffisant. L'Église[66] est à la fois une famille, un hôpital, une école et une armée. Considérons chaque élément du quarté.

1.2.2.1. Une famille

La communauté chrétienne locale tout comme le corps universel de Christ est une grande famille des croyants. Cette famille spirituelle se poursuivra dans l'au-delà. Dans l'Église primitive, les premiers croyants s'appelaient frères et sœurs. On parlait de la communion, de l'amour, de l'affection ou du baiser fraternels. Cette nouvelle famille[67] offrait l'asile et la sécurité aux néophytes, aux personnes rejetées à cause de leur foi, aux apatrides.

Le mot famille doit se traduire dans le sens propre et plus large du terme. Si la première responsabilité du croyant est envers ceux de sa propre maison[68], il en est une seconde

---

Nous avons été inspirés dans les années 1994 en écoutant un prédicateur allemand visitant la Centrafrique et parlant des différentes approches sans donner le nom les quatre murs.

[66] Nous nous gardons de la prétention de décrire la Vraie Église qui pourtant est si importante mais qui est aussi un grand piège. La cristallisation sur les institutions ecclésiastiques n'est que des appréciations superficielles, malheureusement elle a fait beaucoup de victimes tout au long de l'histoire du christianisme. L'influence de l'Église n'est pas fonction de sa position sociétale, son influence politique, sa richesse financière, sa puissance économique, son autorité sociale, son organisation cléricale, son architecture impressionnante, son apparence pieuse. La seule qualification souvent cachée aux yeux des hommes est sa communion spirituelle avec Jésus-Christ. Le livre de l'Apocalypse dans ses chapitres liminaires nous en donne les critères.

[67] L'Église catholique romaine emploie le terme Sainte famille.

[68] Cf. 1 Tim.3 :4,5 et Gal.6 :10.

envers les frères dans la foi. L'hospitalité qui consiste à accueillir des étrangers est une pratique fortement recommandée envers les frères étrangers de passage.

Un rappel intéressant vient de Philippe Fournier qui interpelle en ce sens : « vivre les uns les autres comme dans une grande famille, où l'on nous reçoit à chaque fois qu'on a envie d'y retourner, mais aussi un sanctuaire où les traditions sont conservées, où la spiritualité est légère comme le souffle de l'Esprit, puissant comme le fleuve de la grâce[69] ».

La première communauté des croyants dans le Nouveau Testament nous donne un bel exemple de cette nouvelle famille. Tout était commun au point où il n'y avait pas d'indigent parmi eux. Jésus avait vécu avec ses disciples à l'instar d'une famille spirituelle. Notre monde aujourd'hui, basé sur le matérialisme, ne peut encourager ce modèle de vie. La consommation qui caractérise notre société crée de l'égocentrisme et empêche les gens de partager[70] leur pain avec les autres. Pour sa part, Raynald Martin, dans la préface du livre *L'Entraide dans l'Église*, écrit :

> *Et l'Église devra bien repenser aussi tout le grand problème des institutions sociales et maisons prêtes à accueillir enfants, jeunes, malades ou vieillards. Il y a*

Lire les passages suivants : Rom 12 :13 ; 1 Tim 5 :10 ; Heb.13 :2 ; 1 Pi 4 :9.

[69] *Mission Intégrale*, p.110.

[70] Dans 1 Jean 3 :17, le mot utilisé pour parler de biens est *bios* en grec, le minimum irréductible, la plus petite chose qu'on peut partager avec les autres, c'est notre propre vie.

tant de gens qui recherchent ou attendent simplement un foyer accueillant où ils pourront vivre dans des conditions presque normales. Je dis bien : presque normales, car il n'y a de normale que la vie de famille[71].

Et il dira un peu plus loin : « avons-nous conscience qu'une communauté vivante est prête à ''tout mettre en commun'' pour aider, dépanner complètement une famille qui ''coule'' ?[72]»

Vivre en famille exige de la responsabilité. La nouvelle famille à des liens organiques. Daniel Hillion, dans son article « Évangélisation et Action sociale, peut-on faire l'un sans l'autre », parle « d'insister sur le poids et l'importance de faire le bien…. Les commandements d'aimer Dieu et son prochain sont une justification suffisante pour tout acte d'amour[73]». La famille chrétienne offre un foyer aux exilés, fait bon accueil aux gens brisés. Une telle ambiance permet aux gens d'être libérés des fardeaux accablants, des pensées stressantes, des complexes existentiels.

Nous trouvons notre hypothèse confirmée par Landa Cope. Par le même, elle conforte notre thèse en écrivant : « au cours des dix dernières années que j'ai passées à colorier les différents domaines de la société dans l'Écriture pour comprendre la pensée de Dieu dans chaque sphère, rien n'a eu plus d'impact sur ma pensée que la vision de Dieu sur

---

[71] Pierre Zumbach, *L'Entraide dans l'Église*, p.9 .

[72] Ibid., p.19.

[73] *Mission Intégrale*, p.90.

la famille, son influence et son rôle dans la communauté au sens large[74] ».

Voyons le deuxième élément qui est le reflet de l'hôpital que donne l'Église. Ce terme n'est pas trop apprécié par certaines personnes mais c'est seulement une image.

1.2.2.2. Un hôpital

Jésus aurait déclaré dans les évangiles : « Les gens en bonne santé n'ont pas besoin de médecin. Ce sont les malades qui en ont besoin[75] ». L'Église est remplie de personnes malades de toute sorte : maladie physique, psychosomatique, spirituelle. La maladie ronge et détruit, elle fait souffrir et finit par tuer. Le péché a bouleversé l'ordre divin, et l'existence psychologique et émotionnelle de la personne humaine perturbée. Le problème dans le cœur de l'homme qui se traduit par des manifestations de méchanceté, des agitations de violence, des comportements de haine, des actes antinomiques, est résumé par le mot péché. Et le seul remède ou la solution serait de trouver la paix avec le créateur. L'injonction « pais mes brebis » est, selon certains, l'ordre de veiller à la santé matérielle et spirituelle des membres, et donc une volonté de Jésus.

L'Église qui est alors « l'appui et la colonne de la vérité » est le seul endroit idéal pour aider dans ce processus de guérison, dont les personnes souffrantes ont besoin. L'Église qui est aussi appelée la maison de Dieu[76] accueille

---

[74] *Modèle pour la société*, p.116.

[75] Cf. Mt 9.12 version (Parole de Vie).

[76] Lire 1 Tim 3 :15 ; Heb.3 :5, 10 :21 ; 1 Pi 4 :17.

des personnes sans considération de race, de sexe, de religion, de statut social, d'appartenance politique, d'obédience religieuse. De même que dans les hôpitaux, les soins sont administrés de manière altruiste, il en va ainsi des traitements dans l'Église. Nous convenons une fois encore avec Philippe Fournier dont nous avons déjà fait mention, qui tout en reconnaissant l'insouciance des sociétés Occidentales face au drame des démunis, rappelle que :

> L'intérêt de son prochain n'est pas une option de l'Évangile, elle en est une dimension constituante. L'Évangile, c'est inventer les moyens d'offrir une présence cohérente avec les besoins qui nous entourent, proposer par une parole intelligible. L'amour n'est pas seulement la charité (au sens traditionnel acte de bienfaisance), mais une combinaison d'écoute active et de volonté d'agir en conséquence. Sans prétention, ceux qui portent l'espérance chrétienne au sein d'une humanité habitée par le doute illustre peut-être la lumière de la mission... [77]».

Si la famille qui est la plus petite cellule de la société est au cœur du plan divin, l'Église et les croyants devraient être ses meilleurs avocats et représentants. Le théologien puritain John Owen a déclaré :

> Les églises et les membres devraient envisager l'assistance aux pauvres comme une grâce éminente et une excellente mission. En effet, le Christ est glorifié et l'Évangile est à l'honneur lorsqu'on prend soin des pauvres. Beaucoup trouvent que ce n'est pas spirituel ou que cela devait se faire spontanément, et n'a pas besoin d'être organisé. Beaucoup pensent que cela ne

---

[77] *Mission Intégrale*, pp.104-105.

> *devait pas tenir une place centrale dans l'œuvre de l'Église. Mais il s'agit en fait d'une des priorités absolues pour les communautés chrétiennes, parce que c'est le principal moyen de démontrer la grâce évangélique de l'amour*[78].

Nous ne minimisons pas pour autant des différends qui pourront surgir dans toute entreprise humaine. Nous en voulons pour preuve l'exemple de l'assemblée de Jérusalem qui a nécessité la mise en place du diaconat[79] ou mieux de la diaconie, c'est ce qui conviendrait de dire de ce passage. L'Église doit donc être structurée et s'apprêter à accueillir les nécessiteux, les malheureux, les petits frères[80] de Jésus. Le royaume de Dieu répare les torts, restaure les êtres, rétablit la dignité perdue. Les lépreux, les handicapés, les malades trouvent leur rachat parmi le peuple de Dieu dans l'Église qui est aussi un hôpital.

Nous trouvons célèbre la réflexion de Tim Chester qui écrit que « le contexte qui permet d'interpréter correctement l'Évangile, c'est l'amour. Par notre amour envers « autrui », particulièrement envers les marginaux, nous donnons une démonstration de la grâce de Dieu[81] ».

Le troisième mur de l'enceinte de l'Église dépeint un endroit de formation et de transformation quelles que soient

---

[78] Cité par Tim Chester, *La responsabilité du chrétien face à la pauvreté*, p.33.

[79] Act.6 :1ss.

[80] Cf. Mat.25 sur le jugement des nations où les boucs seront séparés des brebis.

[81] La responsabilité du chrétien face à la pauvreté, p.83.

les déformations subies dans la famille, la société ou dans les écoles. Nous reviendrons sur cette responsabilité très importante dans la suite de ce travail pour plusieurs raisons.

1.2.2.3. Une école

Tout le monde n'a pas la chance de recevoir une bonne éducation de base au sein de sa famille d'origine, à l'école ou dans la société. L'Église sert aussi d'endroit d'éducation, de formation, d'instruction, d'enseignement, de correction, de cercle d'étude et de réflexion. Les membres de l'Église sont avant tout des citoyens qui ont fait allégeance à Dieu. Le civisme n'est pas incompatible avec la foi chrétienne. Le réveil du 18e siècle en France faisait des protestants de bons citoyens, en ce qu'ils étaient instruits et travailleurs. Philippe Fournier que nous avons cité plus haut conseille que « nos lieux de rencontres ouvrent les portes pour ceux qui veulent apprendre à voler de leurs propres ailes[82]».

Le rôle périscolaire de l'Église n'est pas académique, mais sert à donner aux individus une bonne base pour s'émanciper dans la société. La médiocrité qui est désormais une tendance généralisée dans nos nations, et l'ignorance qui est cause de l'incivisme, du recours à la violence et aux armes, pour régler les litiges domestiques ou revendiquer des droits légitimes ou factices, et se faire justice soi-même, peuvent être dépassées par des sessions d'éducation populaire, d'animation rurale, des jeux de rôle, des ateliers de renforcement des capacités citoyennes. Il ne faudrait pas perdre de vue que naturellement, l'Église fait partie des

---

[82] *Mission Intégrale*, p.109.

écoles parallèles[83] de la société. L'ecclésia comme école renforce donc cette attribution sociale.

Les cercles de réflexion permettent d'analyser des problèmes de fond tels que les abus de l'alcool, les drogues, la corruption morale, la sexualité irresponsable et l'éthique. Autant des questionnements que posent les mutations dans les sociétés, les rencontres des nouvelles cultures qui influencent grandement les jeunes, et qui attendent des réponses claires et sans équivoque. La faillite de l'État ne doit pas se solder par une indifférence de l'Église. Si elle ne s'attelle pas à s'attaquer à ce que nous dépeignons dans ces lignes, elle sera en partie complice de la perversion morale qui ne cesse de grandir, et de la fin apocalyptique de la race humaine.

La pauvreté est telle que des enfants grandissent sans que les parents ne soient capables de les scolariser. Que faire ? L'Église va-t-elle accompagner des délinquants, des gangsters ou bandits de grand chemin, des braqueurs comme il y en a partout désormais sur le continent ? L'Église est une école pour palier à ce manque et aider l'analphabète et l'illettré à apprendre le savoir, le savoir-être, le savoir-faire et le savoir-vivre. Les sacrificateurs faisaient office de bon administrateur, d'agent d'hygiène[84] et de santé, de conseillers environnementaux dans l'Ancien Testament. L'Église doit pouvoir éduquer le peuple.

---

[83] Les écoles dites parallèles dans la société seraient les médias, la famille, les centres religieux, etc.

[84] Lire Deut.23 :13-15 ; 22 :6 ; Lev.13 :2 ; Ex.15 :26.

La dernière image de l'enceinte de l'Église, est une armée – sur ses genoux entrain combattre le bon combat qui se remporte par la foi.

1.2.2.4. Une armée

Parmi les images souvent utilisées par les rédacteurs du Nouveau Testament pour décrire les chrétiens, référence est faite deux fois au mot soldat. La présence militaire romaine aurait-elle pyrogravé dans le subconscient collectif palestinien contemporain de Jésus, le portrait de l'homme idéal dans la société, au point où ces incirconcis[85] feraient des émules. Nous croyons que la comparaison[86] serait plutôt relative à l'accoutrement et à la tactique militaire et non pas à rechercher dans la férocité soldatesque et barbaresque romaine.

L'armée de Jésus, composée de soldats qui sont les croyants, mène un combat spirituel. Pour rendre tangible les stratégies, l'allusion est donc faite aux soldats de César. La méthode andragogique didactique permet de mieux visualiser les concepts souvent abstraits. C'est dans ce sens

---

[85] La cruauté des Romains qui construisaient des arènes où les manifestations ludiques pourtant sanguinaires s'y déroulaient, auxquelles assistait un peuple qui prenait plaisir aux combats mortels des gladiateurs, aux paris macabres dans les hippodromes, aux décapitations publiques des prisonniers, aux morts pénibles des individus déchirés par les bêtes féroces sous les huées du public. Les martyrs chrétiens sont aussi du nombre des victimes.

[86] Cf. 2 Tim.2 :3, 4 ; Eph.6 :13-17.

que nous comprenons le symbole du soldat romain et de son accoutrement[87].

Quand les croyants étaient menacés dans l'exercice de leur foi, étant minoritaires et en mauvaise posture devant les autorités religieuse et politique, et pis encore qu'ils n'étaient pas en odeur de sainteté devant les occupants romains, ils ne pouvaient remettre leur sort qu'à leur Dieu. Ils n'avaient pas assez de moyen pour réclamer le service d'un avocat[88] éloquent. Ils ne pouvaient organiser des sit-in. Aucune organisation de défense de droit de l'homme pour plaider leur cause ou médiatiser leur sort et faire des plaidoyers autour du monde. Ils se mettaient à genoux et faisaient trembler la terre[89].

Une guerre invisible[90] se déroule à l'insu du monde. Le royaume des ténèbres déploie tous ses agents pour chercher à contrecarrer le progrès et le programme du royaume de Dieu. Les croyants forment son armée, et ne combattent pas avec des moyens naturels, c'est-à-dire les armes charnelles, mais avec les armes spirituelles[91]. En priant les uns pour les autres, en unissant les efforts pour

---

[87] L'apôtre Paul dans Eph.6 :12ss décrivant le combat spirituel que mène le croyant, utilise symboliquement l'armure militaire romaine pour expliciter les dispositions tacticiennes pour se défendre et remporter le combat.

[88] Les Juifs avaient faussement accusé Paul et ont fait venir un orateur du nom de Tertulle pour confirmer leur parjure, cf. Act.4 :1ss.

[89] Cf. Act.4 :31.

[90] Cf. Eph.6 :12.

[91] Cf. Eph.6 :13. Le terme moyens naturels est synonyme de charnel ou par la chair.

prier ensemble, l'armée du Seigneur remporte des victoires. L'Église est composée de régiments d'officier de Jésus. La prière est une arme redoutable entre les mains des chrétiens.

Dans un livre[92] qui relate le travail missionnaire de Hudson Taylor en Chine, un témoignage époustouflant est rapporté et qui confirme le rapport entre la prière et la mobilisation de l'armée dont il est question. La Chine se trouve à des dizaines de milliers de kilomètres de la Grande Bretagne. À cette époque les navigations se faisaient par la mer et les courriers arrivaient au rythme des navires. Aucun moyen de communication rapide. L'incident déjoué est rapporté plus tard par son auteur. Il dit être miraculeusement protégé toute la nuit par de grands soldats à son insu. Le lendemain, il a poursuivi son chemin. Plusieurs années après, l'un des assaillants convertis, lui racontera la vraie version de l'histoire. Le nombre des soldats qui le gardaient équivalait au nombre des intercesseurs cette nuit en Grande Bretagne.

La fraternité et l'amour fraternel chers aux croyants devaient les identifier à leur frère en difficulté et les besoins ressentis. Reynald Martin que nous avons cité plus haut dit :

> *Mais rien ne sera fait, tant que nous serons peu nombreux pour faire face à l'immense travail qui nous attend. L'Église ressemble encore trop à un stade de 30.000 personnes encourageant à distance et sans se fatiguer 22 hommes qui s'acharnent sur un ballon et s'effondrent de fatigue dans un vestiaire, la partie*

---

[92] Taylor Howard (1979). *Vie de Hudson Taylor*. 3ème édition revue. Éd. GM, Suisse.

terminée. ... Il faudra bien que peu à peu les chrétiens en masse se jettent en avant, dans la bagarre pour voler au secours de ceux qui en ont besoin[93].

Le livre des Actes des Apôtres rapporte comment le roi Hérode avait programmé d'exterminer les témoins oculaires, surtout ceux qui faisaient partie du cercle privé de Jésus, en l'occurrence Jacques, Jean et Pierre. Ce dernier était appréhendé après l'exécution du premier mousquetaire de Jésus, et Hérode attendait le faire comparaître après la Pâque. L'Église qui n'était pas encore guérie du traumatisme causé par la mort prématurée de Jacques, a convoqué une vigile de prière afin d'apporter la situation de Pierre – très bien barricadé dans une prison de très haute sécurité – devant Dieu. Et l'impensable s'est produit. Les soldats invisibles sont venus libérer surnaturellement Pierre grâce aux prières[94] de l'Église. Nous clôturons cette partie sur cette histoire.

---

[93] Pierre Zumbach, p.9.

[94] Cette histoire que nous avons résumée est rapportée dans le livre des Actes des apôtres au chapitre douze, les versets un à dix-huit. La version authentique contemporaine de cet évènement est l'expérience décrite dans le livre *L'Homme Céleste*. Ce pasteur chinois vit aujourd'hui en Allemagne et anime des rencontres où il témoigne comment Dieu l'a sorti d'une prison de haute sécurité de la Chine de manière miraculeuse.

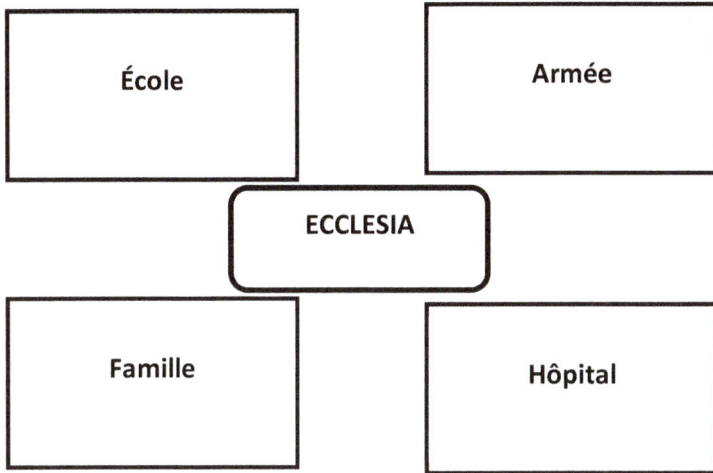

Schéma de l'Église comme enceinte

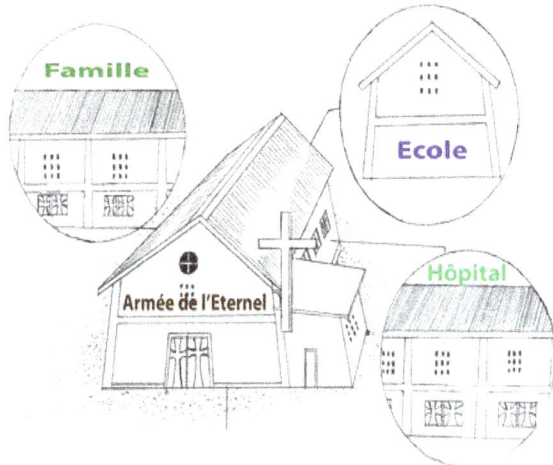

Après les images illustrant l'Église dans la partie pratique de notre description, considérons maintenant historiquement l'Ecclésia. Nous ferons juste un petit survol historique en omettant volontairement les grands évènements, puisque l'objet de notre travail n'est pas de traiter de l'histoire du christianisme. C'est ainsi que quelques points seulement seront mis en exergue dans ce survol.

1.3. CONSIDÉRATION HISTORIQUE

L'Église a été fondée par Jésus[95]. L'histoire de son évolution ainsi que tous les évènements qui l'ont enrichie ou dénaturée, sont décrits dans et par l'histoire[96] du christianisme. Dans les deux mille ans de son historicité, on peut regrouper des périodes qui se succèdent et qui ne se ressemblent pas, mais qui ont des incidences très importantes sur le cours de l'histoire[97] de l'humanité.

---

[95] Cf. Mat.16 :18. Peu de temps après en Act.2, cette naissance se matérialisera.

[96] Il n'est pas question de résumer l'histoire du christianisme mais de toucher les points qui nous intéressent.

[97] L'Asie a joué un rôle majeur au début du christianisme, puis l'Afrique. Quand le christianisme a bouleversé l'Europe, toute l'histoire de l'Église se jouera sur le continent occidental, et les politiques qui étaient intimement liés aux religions coloreront les relations avec le reste du monde. L'esclavage et l'avènement de la colonisation ne se démarqueront pas de cette connotation. Aujourd'hui, le centre du christianisme n'est plus en Occident mais cela n'empêche que l'influence de l'Occident soit toujours présente.

Les quatre premiers siècles de l'Église étaient caractérisés par des persécutions cruelles de la part des différents empereurs[98] romains qui se sont succédés au pouvoir, jusqu'à l'avènement de l'empereur Constantin en 312. Ce dernier avait une mère croyante qui aurait beaucoup prié pour sa conversion. Il dit avoir reçu une vision de la croix qui lui a permis de remporter la guerre. Il décréta la fin de la persécution, et instaura le christianisme comme religion officielle dans l'empire romain[99].

S'ensuivra la période où l'Église va persécuter à son tour les païens. Ces derniers pour échapper aux tribulations pénétrèrent en masse dans les églises sans conversion réelle au christianisme tout en gardant leurs pratiques, lesquelles influenceront grandement l'Église à l'instar de l'Église catholique romaine qui va introduire dans ses dogmes plusieurs éléments issus de ces pratiques païennes. En plus,

---

[98] Les empereurs romains étaient considérés comme des dieux et, à ce titre, il fallait les adorer, leur offrir des sacrifices et brûler de l'encens à leur honneur. Les chrétiens en refusant cette pratique idolâtre commettaient le péché de lèse-majesté et devaient être punis pour cela. Il fut un temps où la conversion au christianisme était interdite dans l'empire romain. Les contrevenants encouraient la peine de mort. Tertullien, l'un des pères de l'Église, apologète, écrivait : « le sang des martyres est la semence de l'Église ».

[99] L'empire romain sera divisé en deux en 395, avec Rome comme demeure du pape et capitale de l'empire occidental, et Constantinople capitale de l'empire oriental. En 476 après la chute de l'empire romain occidental, seul l'empire oriental ou l'empire byzantin subsistera jusqu'en 1453, l'année de la prise de Constantinople par les Ottomans.
L'Église orthodoxe en Orient finira par rejeter l'autorité papale en 1054, alors que le patriarche était au début le second personnage de l'empire oriental nommé par l'empereur, le lieutenant de Dieu sur Terre, chef militaire, politique et religieux. L'empereur et le patriarche étaient tous deux défenseurs de la foi orthodoxe.

quand Rome s'élèvera au-dessus de tous les autres archevêchés, la dérive s'intensifiera et les schismes internes ne vont pas tarder à voir le jour. Les Latins en Occident et les Grecs en Orient, les Orthodoxes avec leur patriarche ne reconnaîtront plus l'autorité des Catholiques avec leur pape.

La période de l'inquisition[100] qui est l'une des époques très sombres du christianisme[101], fera de nombreux martyrs durant la période médiévale[102] en Europe. Tous ceux qui voudront s'attacher aux seuls enseignements de la Bible étaient brûlés aux bûchers. On fouillait les maisons pour ramasser et détruire les Bibles afin d'éviter que les chrétiens ne connaissent les Saintes Écritures. La papauté influençait grandement la royauté. Ainsi la religion et la politique s'entremêlaient.

Au Moyen-Âge, les scolastiques vont tenter une reviviscence du christianisme par la dialectique qui ne résistera pas aux assauts des libres penseurs. L'humanisme, le cartésianisme et le rationalisme du Siècle des Lumières

---

[100] Les chrétiens étaient brûlés au bûcher par les empereurs romains. Sous l'inquisition, ce sont les religieux – les ouailles du pape – qui brûlaient au bûcher les chrétiens.

[101] Ce serait mieux de parler du Catholicisme que de le généraliser au christianisme.

[102] Depuis les précurseurs jusqu'aux réformateurs, il était fréquent de traiter d'hérétiques tous ceux qui avaient un autre point de vue que les Catholiques et qui refusaient de parjurer quand sommés. Ils étaient traités comme tels, c'est-à-dire brûlés au bûcher, puisque c'était le châtiment. Ce supplice ne décourageait guère les croyants qui suivirent l'exemple des chrétiens primitifs. L'Église catholique vient récemment de reconnaître ce crime odieux envers les Protestants et de demander pardon.

vont porter un coup rude au christianisme. L'Église médiévale était riche en architecture, en gloire humaine, en puissance pécuniaire. L'expansion de l'Islam en dehors des frontières de l'Arabie, la domination des Arabes[103] dans les autres parties du monde, les guerres des religions vont grandement modifier les donnes géopolitiques en Europe et au-delà, et restreindre la suprématie de la chrétienté. Les croisades[104] qui auront des effets très destructeurs et dont les souvenirs hantent les musulmans[105] à ce jour, sont des évènements peu glorieux du christianisme.

---

[103] Les Ottomans ont mis fin à la domination romaine affaiblie par l'empire byzantin (partie orientale de l'empire romain). Constantinople (capitale de l'empire byzantin) était prise au 13e siècle alors que l'Église se déchirait de l'intérieur. La cathédrale Sainte Sophie à Istanbul fut transformée en mosquée jusqu'à ce jour. Les Arabes contrôlaient la méditerranée obligeant les Européens à concevoir d'autres plans de voyage, ce qui a boosté le commerce interne du vieux continent.

On ne le dit pas mais les Arabes emprisonnaient les Européens qui naviguaient sur la mer et les obligeaient à se convertir à l'Islam. Ceux qui refusaient étaient faits prisonniers et devenaient des esclaves. C'est quand l'empire ottoman sera vaincu que l'Europe va entamer le rachat de ses citoyens de l'Afrique du nord.

[104] Les croisés avaient la promesse du paradis, le rachat des péchés, etc., en menant une guerre sainte. Plusieurs croisades ont eu lieu pour libérer le lieu saint, mais le résultat fut catastrophique en perte de vies humaines. Saladin, un turc, est un héros qui a mis en déroute les croisés.

[105] Cette religion crée chez ses sujets une mémoire d'éléphant, n'oubliant pas le moindre mal subi. La haine de l'Occident aujourd'hui a pour racine cet affront des croisades. L'Occident est synonyme de christianisme et donc de croisés.

On peut lire dans un quotidien Ivoirien les récentes déclarations d'un chef djihadiste Iyad Ag Ghaly dans une vidéo publiée : « nous allons nous débarrasser des croisés, la France en tête ». Pour commémorer le premier anniversaire de leur existence, ils ont perpétré deux attaques meurtrières à Ouagadougou le 2 mars 2018 faisant huit morts parmi les

La division provoquée par la réforme[106] qui a vu la naissance du Protestantisme, réduira davantage les marges du catholicisme. Les réformateurs vont rejeter les ''et'' de la théologie scolastique qui présentait Augustin comme théologien préféré et Aristote pour la philosophie.

Le rejet des conjugaisons du sacré et du profane sera mitigé dans la suite, car il est évident que Dieu se révèle aussi bien dans Sa parole (écriture) que dans la nature (création). Le relativisme des réformés se verra aussi dans la prise de distance vis-à-vis des tendances anabaptistes enclines à l'autorité ecclésiale et moins sociales avant d'observer un revirement dans un christianisme social.

Les guerres qui s'ensuivront occasionneront la libération des royaumes du joug papal surtout pour ceux qui opteront de suivre les réformateurs. Le protestantisme ira en grandissant et en s'affirmant pour écrire une autre histoire de l'Église. Il y aura toutefois divergence entre les points de vue de Luther qui n'appréciait pas trop le soulèvement populaire des pauvres, et de Zwingli qui, lui, était partisan de la lutte armée pour défendre les positions des réformés, et Calvin qui travaillera pour un changement social.

---

militaires burkinabé. *Source Fraternité Matin* du lundi 5 mars 2018, N° 15968.

[106] Mouvement certainement voulu de Dieu, en dépit des efforts entrepris pendant des siècles pour étouffer les actions de Wyclif ou de Hus. Indépendamment mais unanimement, les réformateurs vont agir dans plusieurs villes européennes : Luther, Zwingli, Calvin, Erasme, Farel, Lefèvre.

Les rivalités vont néanmoins se poursuivre dans les pays évangélisés sur d'autres continents, et les oppositions doctrinales et confessionnelles qui n'entament pas la cohésion sociale ou l'unité familiale, n'empêchent pas les gens de se fréquenter. Il est cependant visible en Afrique que le dogmatisme français dans ses ex-colonies pèse lourd sur le système politique en cours. Par contre, le pragmatisme anglais donne à ses ex-colonies un peu d'avantage sur leurs pairs francophones. La différence vient du catholicisme majoritaire en France et du protestantisme rayonnant dans les pays Anglo-saxons. On voit encore une fois la corrélation religion/politique en Occident qui influence la vie sous toutes ses formes en Afrique. Il est temps de prendre conscience et de dépasser ces considérations pour que toute appartenance n'ait pas d'ascendance sur la référence en matière de religion, car nous voyons tous les dangers des conflits religieux dans le monde.

Après ce survol des considérations théologique, pratique et historique, nous abordons le point sur la thématique de l'Église et la société.

CHAPITRE 2 - ÉGLISE ET SOCIÉTÉ

Les points de vue des leaders[107] ecclésiastiques divergent sur l'approche à adopter pour appréhender la société[108] et ses problèmes. Nos dénominations chrétiennes en Afrique souffrent de mimétisme, car elles demeurent encore sous le joug de la dénomination mère venue de l'Occident, mais aussi ces derniers temps, d'autres continents (Asie, Amérique latine…).

Pendant la période pré-indépendance, le comportement de certains missionnaires pionniers ne différait guère de l'attitude des administrateurs coloniaux sur le plan politique. Allant de la condescendance aux traitements physiques, le complexe de supériorité couplé aux attitudes « du maître aux serviteurs », il était donc difficile aux leaders spirituels africains[109], de réfléchir par eux-

---

[107] Nous sommes conscients des difficultés d'interprétation des réalités sociologiques, sociétales et sociales divergentes de l'Église et de la Société, suivant les continents où l'on se trouve, et aussi en fonction des facteurs historiques qui n'ont pas été les mêmes. Les guerres des religions ne sont pas dans l'esprit africain sinon les conséquences que lui imposent les confessions religieuses une fois arrivées sur le continent. En outre, les perspectives sont aussi éloignées les unes des autres comme par exemple l'Église est une sorte de business par les télé-évangélistes ou les méga-church aux États-Unis, alors qu'elle est devenue une religion puérile en Europe, ou un centre mystique en Orient, etc.

[108] Certains théologiens pensent que Dieu a donné à l'Église un mandat de service dans la société. Pratiquer l'amour du prochain par des œuvres de compassion, et aider à développer la société selon les principes bibliques tels que la dignité de chaque être humain, l'intendance de la création, la justice, etc.

[109] Par exemple dans l'interview accordée à Jean Baubérot, président de la section des sciences religieuses de l'École pratique des Hautes Études

mêmes aux solutions à apporter aux problèmes qui se posent à leurs sociétés.

Les expériences vicariantes du copier/coller et des stéréotypes n'ont pas pour autant découragé ceux qui avaient désormais la lourde responsabilité d'implanter les églises autochtones. L'influence de la pensée dualiste grecque qui scindait le monde entre le mal et le bien, c'est-à-dire ce qui est charnel mauvais et le spirituel bon, a lourdement pesé sur la théologie chrétienne. Cette dernière met plus l'accent sur le salut spirituel que la partie matérielle de la vie, même si elle ne veut pas s'affirmer manichéenne.

Comme nous avons tenté de le prouver par la définition du terme Église, de manière épistémologique, la difficulté résiduelle mais substantielle dans le christianisme se trouve dans cette définition biaisée. La Bible n'a pas été écrite dans la pensée séculière de la culture Occidentale.

à Paris, reproduite dans la revue Histoire dans le numéro spécial, 135, juillet-août 1990, nous découvrons une différence remarquable entre les modèles protestants africains et français : « Le modèle politique du protestant français « relève plus du monde puritain que du modèle jacobin». En ce sens que le protestant est libéré des idéologies et des modèles politiques utopiques et qu'il n'attend de la société non pas qu'elle fixe à chacun « un destin social commun » mais qu'elle lui donne simplement « les moyens de rechercher un épanouissement individuel ». Il y a donc « une culture politique spécifique aux protestants ». « Les Protestants sont allergiques au collectif. Cette notion est incompatible avec leur souci de l'individualité. » C'est ce que Paul Ricœur, « contrant les thèses de Jean-Paul Sartre – et ce qui se passe aujourd'hui semble bien lui donner raison ». Par exemple Michel Rocard a souvent manifesté cette dimension critique à l'égard du marxisme. Il est impensable que quelqu'un qui soit allergique au collectif développe un programme salutaire par des églises communautaires.

L'influence d'une société matérialiste et individualiste[110] est à la base de l'orientation non rogérienne d'une théologie asymétrique, qui rend bipolaire évangélisation et action sociale. Jacques Blandenier le reconnaît dans son livre intitulé *Les Pauvres avec nous*. Il affirme, en effet, que :

> *Notre esprit d'Occidentaux modernes aspire à une classification plus précise. Mais il importe de respecter la manière dont la Bible envisage la question en évitant de dissocier artificiellement les besoins de l'âme et ceux du corps. C'est pourquoi lorsqu'aujourd'hui nous tendons à opérer une coupure, voire un conflit entre évangélisation et action sociale, nous risquons d'importer dans la pensée biblique une problématique qui lui est étrangère[111].*

Nous sommes bien conscients que dans le débat séculier, l'Église est souvent confondue à la Religion[112], et que de manière innée, il est souvent fait allusion au conflit latent Religion/État, dont la laïcité en juge suprême pense

---

[110] L'individualité (c'est aussi l'origine religieuse de la philosophie politique du « Contrat social »). Chacun est propriétaire de son corps et de ses capacités à créer sans être contraint par des liens de dépendance non voulus avec quelque seigneur que ce soit (André Bélier).

[111] *Les pauvres avec nous*, p.24.

[112] Nous pensons qu'il faille distinguer la religion institutionnelle qui tranchait les problèmes politiques, et qui est aujourd'hui encadrée et régulée par les lois de la république des autres formes. Ce faisant, la religion spirituelle immatérielle et transcendante – qui séparait Dieu et César – ne peut se manifester dans les espaces publiques parce qu'elle a des fonctions sacrées, se voit obligée de se fondre dans la religion culturelle –manifestation matérielle de la religion – dans le monde moderne.

En faisant la différence entre la religion institutionnelle, spirituelle et culturelle, l'Église ne sera pas en conflit avec l'État ni la société.

avoir résolu la problématique. Nous ne cédons pas à la tentative légitime d'aborder cet aspect, mais nous nous contenterons du domaine circonspect à l'Ecclésia dans notre travail. Ainsi, nous affirmons avec Pierre Zumbach que :

> *L'Église est envoyée dans le monde pour y être une communauté de service, non seulement de service mutuel entre ses membres, mais aussi de service au monde. Si l'Église était vraiment convaincue que Christ est mort pour le monde entier, elle serait dans le monde une messagère d'espérance. L'Église ne doit pas devenir une évasion pour ceux qui n'osent regarder le monde en face. Elle ne peut offrir à l'homme une sécurité terrestre ; mais en proclamant la croix et la résurrection de Jésus-Christ, elle lui apporte l'espérance[113].*

Il est évident que tous ceux qui ont eu à impacter leur société ne trouvaient pas de dichotomie entre leur engagement religieux et leur responsabilité séculière. Serge Molla explique la perception du grand leader afro-américain assassiné à cause de sa vision en ces termes :

> *Si l'Église et la société doivent être comme des instances différentes, avec des règles de jeu et une organisation diverses, ces deux institutions sont appelées à entretenir de sérieux rapports. King n'entend pas accepter que l'on réserve le « religieux » à l'Église et le « politique, le « social », l' « ici-bas » à la société et à l'État qui les représentent. Les choses ne sont pas si simples. Il préfère insister sur la particularité du lieu ecclésial où une parole doit être entendue, une Parole si forte qu'elle*

---

[113] *L'Entraide dans l'Église*, p.113.

ne peut qu'avoir de très sérieuses conséquences à tous les niveaux, y compris le politique[114].

Nous restons convaincus que le commerce équitable est un bel exemple où les valeurs religieuses ont pris le pas sur l'économie tel qu'il apparaît dans le préambule de *The Oxford Declaration on Christian Faith and Economics* où nous lisons : « Quoique notre grand devoir est d'honorer et glorifier Dieu, nous nous sommes rebellés contre Dieu, étant déchus de notre première relation harmonieuse avec Dieu, et attirant le mal sur nous et le dieu de ce monde. Mais Dieu n'a pas abandonné la création. Étant Créateur, Dieu continue de travailler patiemment à surmonter le mal qui a perverti la création[115] ». Somme toute, c'est une responsabilité qui nous interpelle à notre devoir.

Nous verrons successivement : comment l'Église doit transformer la société dans un premier temps ; ensuite, nous aurons une appréciation des contributions à cette transformation ; viendront les piliers de la société, et pour finir nous parlerons des préoccupations légitimes.

2.1. UNE SOCIÉTÉ SUSCEPTIBLE DE TRANSFORMATION

La Société est généralement par définition « l'assemblée des hommes qui sont unis par des lois ou par la nature ». Les assemblées chrétiennes ou les communautés de foi baignent et évoluent dans un environnement

---

[114] Op. cit., p.186.

[115] Transformation – An international dialogue on evangelical social ethics, Vol.7, N°2 April/June 1990 (la traduction est notre).

sociétal[116]. En principe, les relations des croyants doivent être organiques et non mécaniques.

Il s'en suit que les fidèles sont confrontés dans leur existence à des réalités sociales, auxquelles l'Église[117] doit apporter une réponse. Et si la réalisation parfaite du royaume de Dieu se fera et se verra à la parousie, le croyant doit coopérer ici-bas à l'œuvre divine. Les comportements sociaux qui modifient les structures sont déterminés par la vie spirituelle.

Dans la revue évangélique Transformation, on peut lire un article sur *la Création et la Gestion* qui met en exergue la part de la créativité humaine surtout celle des croyants. Une telle participation contribue à promouvoir le dessein divin qui est le bien-être de ses créatures. Le

---

[116] Daniel Hillion, le théologien de SEL France, dans son article « Évangélisation et Action sociale », pense que l'action sociale se déroule au sein de la société, tandis qu'au sein de l'Église, c'est plutôt l'action diaconale. *Mission Intégrale* p.86.

[117] Il y a un rapport intrinsèque entre la vie de l'Église soumise et conduite par l'Esprit de Dieu, et la transformation de la société dans laquelle elle baigne. Le réveil de 1907 en Grande Bretagne a eu un tel impact sur la vie de la société que les policiers étaient au chômage faute de prisonniers à garder. Les chevaux étaient à nouveau dressés puisque le langage des mineurs avait changé, et les animaux habitués aux grossièretés ne comprenaient plus le langage pudique des gueules noires. En outre, Georges Otis Junior a produit des DVD –nous avons eu l'opportunité de traduire son intervention lors d'une conférence qu'il a animée en Afrique du Sud en 2008 – suite aux recherches qu'il a menées dans le monde concernant les réveils. La documentation confirme les bénédictions et les transformations qui accompagnent les phénomènes de renouveau spirituel. De cela à conclure que la vie de l'Église et la santé de la société sont liées.

développement du thème de la ''Gestion et la Production Économiques'' abordé fait ressortir cette réflexion :

> *La production économique résulte de la gestion de la terre que Dieu a confiée à l'humanité. Alors que le matérialisme, l'injustice, et l'égoïsme sont fondamentalement opposés aux enseignements des Écritures, il n'y a rien dans la foi chrétienne qui suggère que la production des nouveaux produits et services est indésirable. Au contraire, il nous est explicitement dit que Dieu « nous donne avec abondance toutes choses pour que nous en jouissions[118] ». La production est non seulement nécessaire pour la vie mais la rend amiable; elle donne aussi aux êtres humains l'opportunité d'exprimer leur créativité pour servir les autres. En évaluant les systèmes économiques selon une perspective chrétienne, nous devons considérer leur capacité à générer mais aussi à repartir la richesse et les revenus de manière équitable[119]. (La traduction est nôtre)*

Georges Crespy[120] semble aller un peu loin en parlant de la représentativité de l'Église au sein de la société. C'est ainsi qu'il commente :

> *De quelque manière qu'on la définisse par ailleurs, l'Église se présente toujours comme une société, c'est-à-dire comme un groupement, une assemblée, une congrégation... Sociologiquement l'Église est la société qui pourvoit à la satisfaction de certains*

---

[118] Cf. I Tim 6.17.

[119] Transformation – An international dialogue on evangelical social ethics, Vol.7, N°2 April/June 1990, pp.2-3.

[120] Crespy, Georges. (1966). *L'Église servante des hommes*. Éd. Labor et Fides, Genève.

> *besoins, ordinairement désignés comme des besoins religieux.... L'Église se présente donc comme une société religieuse.*

Par conséquent nous voyons donc l'Église comme une société dans la société. Les croyants ont donc un double rôle à jouer. Nous notons en passant cette réflexion intéressante qui jette encore un peu plus de lumière sur le sujet et qui dit :

> *Qu'il est évident que la foi ne met pas le croyant en dehors des échanges qui constituent l'homme dans son espace social. La vie chrétienne est par nature communautaire, et induit des effets sociaux. L'Église est un corps social des chrétiens et exerce un rôle public, historique et culturel. Du point de vue sociologique – qui étudie les faits de société – la religion créé des liens et des échanges spirituels et matériels, lesquels façonnent une communauté, une région, une nation, une culture sur le point idéologique et matériel[121].*

Nous trouvons dans l'extrait de l'épître à Diognète qui circulait parmi les chrétiens de cette époque – quelques trois siècles après Jésus-Christ – ce qui suit :

> *Ce que l'âme est dans le corps, les chrétiens le sont dans le monde. L'âme est répandue dans tous les membres du corps comme les chrétiens dans les cités du monde. L'âme habite dans le corps et pourtant elle n'est pas du corps, comme les chrétiens habitent dans le monde, et ne sont pas du monde. Invisible, l'âme est retenue prisonnière dans un corps visible, ainsi les chrétiens, on*

---

[121] Tirée de l'article « Citoyenneté et Laïcité », intervention de Christian Dubois le mercredi 18 mai 2016.

voit bien qu'ils sont dans le monde, mais le culte qu'ils rendent à Dieu demeure invisible... Les chrétiens manifestent les lois extraordinaires et vraiment paradoxales de leur république spirituelle.

Telle était la compréhension du rôle et de la responsabilité des croyants dans un monde qui était en inimitié avec leur croyance[122].

Dans son écrit, Tertullien fait observer comment la symbiose a métamorphosé la société romaine pourtant hostile à l'Évangile en ces termes : *« Nous n'existons que depuis hier, cependant nous avons occupé tous les endroits qui vous appartiennent – cités, îles, forteresses, villes, les transactions, mêmes les camps militaires, les tribus, les conseils des villes, les palais, le sénat, les endroits publiques ; tout ce que nous vous avons laissé sont vos temples [123] ».* (La traduction est nôtre)

Le développement de la société oblige le croyant à contribuer comme tout bon citoyen. Seulement, il faut éviter d'être opportuniste. Dans les différentes tentatives de définition du mot développement proposées par SECAAR[124], on peut lire :

---

[122] Robert Bauveais, un critique catholique, a posé le problème comme comportement réfractaire. Il écrit « l'insoumission essentielle, qui fait du protestant un opposant né, n'a jamais cessé de se manifester, à des degrés différents dans la plupart des comportements huguenots : être en règle avec soi-même et avec Dieu […] suppose un état de bravade presque permanent à l'égard de son entourage, de la société, des usages, des conformismes et du simple qu'en dira-t-on ». (*Nous serons tous protestants*, Paris, 1976).

[123] Apologie d'allégeance.

[124] SECAAR : Service Chrétien d'Appui à l'Animation Rurale.

> *Le développement est un processus par lequel les hommes sont rendus capables de créer une société dans laquelle ils puissent vivre sans craindre la misère, la faim, les oppressions de toutes natures, exprimer les dons spécifiques qu'ils ont reçus et assumer leurs propres responsabilités dans leur participation à la vie économique, politique et culturelle de l'humanité. Autrement dit c'est un processus qui conduit l'homme à vivre en harmonie avec son environnement dans un état du bien-être physique, mental et social. C'est prospérer à tous égards âme et corps[125].*

Un peu plus loin, nous lisons « ainsi l'Église en tant qu'image et empreinte de Jésus-Christ sur la terre doit se voir obligée de s'intéresser au sort des hommes dont les préoccupations majeures de l'heure sont le développement. Car c'est amour de Dieu proclamé doit nécessairement passer par l'amour du prochain qui se manifeste par le respect et la dignité de l'un et de l'autre[126] ».

Le croyant, selon Jésus, est appelé à être ''sel et lumière'' sur cette terre et dans ce monde. C'est une lourde responsabilité. Mais si l'on n'est pas conscient de son identité chrétienne, et ce à quoi on est destiné à être, cela pourrait s'avérer dommageable. Chaque croyant est appelé à apporter sa pierre de construction. L'Église doit demeurer la communauté des croyants qui partagent leur vie ensemble et témoignent au sein de leur environnement immédiat.

Il est donc impensable que l'Église s'isole du monde et laisse aux autres personnes et institutions non chrétiennes

---

[125] *Parole et action*, p.7.

[126] Ibid., p.10.

la responsabilité de le transformer. Que peut faire le croyant ?

2.2.   LA CONTRIBUTION DES CROYANTS

L'indélicatesse peut créer la confusion, si des précautions d'érection des garde-fous pour brider les actions de l'Église ne sont pas prises. L'engouement communautaire n'est pas synonyme de manipulation à des fins individualistes et politiciennes. L'Église est par vocation apolitique et à but non lucratif. L'Église ne peut donc pas être une tribune de propagande de la majorité au pouvoir, ni d'un parti d'opposition. Elle ne peut non plus devenir une entreprise mercantile. Cependant, elle ne doit pas se taire quand il y a injustice, ce qui sera interprété comme de la complicité. Elle ne mettra pas en avant la recherche effrénée de l'argent, dont l'amour est la racine de tous les maux selon les Écritures, mais elle encouragera les croyants à prendre des initiatives en vue de l'amélioration de leurs conditions existentielles et socioéconomiques.

En Afrique, il est courant qu'appel soit souvent fait à l'Église pour apporter une contribution significative aux crises que traverse une nation. C'est ainsi que certains Évêques ou Pasteurs ont eu à faire la médiation lors des crises internes, à diriger des travaux des conférences de réconciliation nationale, à conduire des élections présidentielles, à faire des plaidoyers sur le plan international. Tout ceci n'offre pas à l'Église un boulevard pour s'immiscer dans les arcanes de l'État. Elle doit se garder des responsabilités régaliennes qui incombent à ce dernier, et maintenir socialement une posture holistique dans ses activités. L'engagement de l'Église doit se distinguer de celui des individus – croyants. Pris individuellement, le chrétien peut faire des affaires, s'engager dans un parti politique, organiser un groupe de pression, participer à des manifestations sociale et publique. L'Église encourage les chrétiens à mettre en place des structures pour faciliter et favoriser le développement socioéconomique synonyme du bien-être de la population, comme nous l'avons dit plus haut.

Quels que soient les noms qu'on peut donner aux différentes actions de l'Église, on peut lire dans le manuel de formation sur *la Mission Intégrale* publié par CITAF et Tear Fund[127], cette conclusion :

---

[127] Centre des Institutions Théologiques d'Afrique Francophone.
Organisation humanitaire chrétienne britannique spécialisée dans le développement.

La mission Intégrale est l'ensemble des éléments contenus dans l'agenda de l'Église. Elle poursuit le bien-être de l'Homme dans toute sa totalité. Elle est la foi en action. On peut donc dire que la Mission Intégrale consiste à parler de notre foi et de la vivre en même temps, dans tous les aspects de la vie. Sans elle, le degré auquel le royaume de Dieu peut être mis en évidence et étendu dans ce monde peut être limité. L'Église locale plus que les quatre murs, est l'ensemble des rachetés qui se réunissent en un lieu donné. Et c'est l'ensemble de ces rachetés qui a le mandat d'être agents de la Mission Intégrale. La Mission Intégrale est donc à la fois une œuvre individuelle et collective. Elle est le développement spirituel, social, économique et politique de l'Homme, créé à l'image de Dieu. Les Saintes Écritures permettent d'avoir plus de compréhension sur cette Mission Intégrale.

Venons-en maintenant aux piliers de la société, qui doivent être envahis par les valeurs du royaume de Dieu. Chaque croyant a son terrain de prédilection, c'est-à-dire sa mission spécifique.

2.3. LES PILIERS DE LA SOCIÉTÉ

Nous nous situons dans la dynamique de Less Norman qui a développé les cours sur le royaume de Dieu, et qui a mis en exergue les cibles qui doivent interpeller et préoccuper l'Église, si elle veut influencer la société. Ces cibles se rapportent aux huit piliers[128] de la société. La compréhension de l'invasion de la société par les valeurs du royaume fera sortir les croyants de leur ghetto piétiste :

- Gouvernement : Politiques nationale et locale, administration, les cours de justice et les prisons.

- Famille : Mariage, médecine, hôpitaux, soin des pauvres, les sans-abris, les orphelins ;

- Média : La presse, radio, journaux, vedettes de télévision, informatique, Internet ;

- Arts : Musique et composition, peinture, littérature, poésie, sculpture et dessin ;

- Publicité : Sports, Cassettes, CD-Rom, vidéos, théâtre, cinéma, camps de vacances ;

- Religion : Les croyances, les Églises, les mosquées, les temples, les idoles et superstitions ;

- Éducation : Depuis le jardin d'enfants, l'école primaire jusqu'au secondaire et les universités ;

- Entreprises : Le patronat, la banque, la bourse, et les places de travail.

Le projet divin est celui d'une justice qui dépasse les hommes pour toucher la gestion des vies, des économies, des sociétés, de l'environnement. L'exercice d'une réflexion critique s'impose, dès lors qu'on parle de projets de développement entrepris par l'Église au bénéfice des croyants. Parfois, des projets entrepris ne profitent pas aux

---

[128] Une autre version de la théorie des sept sphères de JEM.

bénéficiaires. Ils ne concernent pas les plus démunis. Ils ne respectent pas le droit des destinataires. L'Église doit donc faire la différence pour que la personne humaine soit centrale dans ses projets, et de donner priorité aux jeunes, aux malades, aux laissés pour compte dans les bidons villes et les zones rurales.

Un pays comme la RCA qui compterait 80% de chrétiens, ne devait pas souffrir de la misère comme c'est le cas aujourd'hui, si les problèmes de la société étaient abordés normalement par ceux-ci. Le mal n'est pas toujours dans les systèmes établis, mais dans le cœur de l'homme. C'est pour cela qu'il faut travailler au changement des cœurs et non seulement des systèmes établis.

Dans un autre livre *Mission Intégrale* sous la direction de Evert Van de Polt, ce dernier, commentant les trois approches évangéliques sur comment servir le dessein de Dieu, cite, entre autre, Peter Wagner dans son livre *Church Growth and the Gospel,* qui déclare que : « le champ d'application de ce mandat est impressionnant… La distribution des richesses, l'équilibre de la nature, le mariage et la famille, la gouvernance de la cité, l'intégrité culturelle, la libération des opprimés, et d'autres responsabilités au niveau mondial[129] ».

Le même auteur, dans le souci d'approfondir l'exégèse du mot intégral, relève dans son article « Émergence et mise en œuvre d'une vision intégrale » :

---

[129] Cité par Evert Van de Polt, p. 28.

C'est bien l'enjeu. Allez plus loin qu'une simple mise en parallèle des œuvres d'annonce (de l'Évangile) et des œuvres humanitaires, mais chercher à les faire fonctionner main dans la main. Mettre en avant la dimension évangélisatrice de l'action sociale, et la dimension sociale et culturelle de l'annonce (de l'Évangile). Les conséquences sociales de l'Évangile sont à intégrer dans la pratique de la mission – et de l'Église locale. La transformation personnelle doit s'accompagner de transformation des structures de la société. Le spirituel et le matériel vont ensemble[130].

L'Église doit avoir un plan pour envahir tous les piliers dans la société. Il faut comprendre comment la culture se stratifie pour bien cibler les actions. Le manque de contextualisation de l'Évangile aux premières heures du christianisme dans nos nations, a occulté son impact dans nos sociétés. La confusion entre le modernisme et la civilisation a diabolisé nos cultures, créant ainsi une dichotomie entre modernité et tradition, qui au lieu de se compléter, se sont exclues mutuellement. La conséquence est la superficialité du vécu chrétien, où le témoignage se résume entre les quatre murs de l'Église, et l'éthique ne fait pas partie des priorités et des préoccupations.

Cette considération des divers piliers de la société nous conduit à poser la question suivante : les problèmes du monde nous préoccupent-ils ? Nous allons tenter d'y répondre.

---

[130] *Mission Intégrale*, p. 38.

2.4.   LES PRÉOCCUPATIONS LÉGITIMES

Le chômage des jeunes est devenu endémique dans nos nations, et les jeunes diplômés qui arrivent chaque année sur le marché du travail, trouvent rarement des débouchés. Les systèmes scolaires et sanitaires ne répondent plus aux besoins humanitaires de la population. Tout cela a conduit à la multiplication des centres de santé et des cliniques privées, des établissements primaires, secondaires et universitaires privés, aux coûts exorbitants, dépassant le pouvoir d'achat de la population. Cette dernière qui remplit les assemblées chrétiennes, et qui ne peut pas être aidée à s'émanciper, demeure une grande préoccupation pour nos églises africaines. Tout porte à croire, qu'on en arrive au même constat, étant donné que ce qui au départ était du domaine du social, s'est muté en économique – nous voulons parler de la santé et de l'éducation – et ce travestissement a de lourdes conséquences qui pénalisent la population, qui ne sait que faire.

De ce point de vue, nous disons avec Robert D. Woodberry, dans son article ''The Social Impact of Christian Mission'', une recherche menée pour arriver à la conclusion que nous résumons :

- Les missionnaires ont fait la promotion de l'éducation de masse, de l'imprimerie et de la médecine moderne (ou Occidentale) ;
- Les missionnaires se sont mobilisés pour la réforme coloniale ;
- Les missionnaires ont récusé les points de vue scientifiques racistes ;

- Du point de vue des statistiques, dans les sociétés où les missionnaires protestants sont arrivés tôt et où leur présence était manifeste, on notait une avancée dans l'alphabétisation, l'enrôlement dans l'éducation, la réduction de la mortalité infantile et de la corruption, l'augmentation de l'espérance de vie, le développement économique, la démocratie politique[131].

Au-delà de ces questionnements, nous pouvons nous poser les questions suivantes : Quelle grande différence l'Église africaine pense-t-elle faire dans nos réalités quotidiennes ? Pourquoi la transformation de nos nations tarde-t-elle après plusieurs siècles d'introduction de l'Évangile sur le continent ? Pourquoi nos nations résisteraient-elles avec tant d'ardeur à la puissance transformatrice de la bonne nouvelle de Jésus-Christ ?

In fine, nous affirmons que tout le problème tourne autour de l'homme qui est la clé ou l'acteur principal du développement. Hannes Wiher, dans *Bible et mission*, parle de la communication de l'Évangile, qui doit être verbale et non-verbale à l'exemple de Jésus. Il commente :

> *Elle commence par une présence... La présence est suivie par des actes ; l'entraide des voisins, des projets spécifiques dans les domaines de l'éducation, de la santé, de l'agriculture, et des ministères parmi les*

---

[131] Robert D. Woodberry, "The Social Impact of the Christian Mission", in *Perspectives*, p.181-185.

prisonniers, les prostituées, les enfants de rue....
Aucune communication n'est complète sans ces deux
composantes. La présence et les actes doivent être
expliqués par des paroles, et les paroles doivent être
confirmées par des actes[132].

Voyons ce que la Bible en dit éventuellement. Un retour à la source est nécessaire pour une véritable révolution comme cela a toujours été le cas. On a toujours remarqué que les reformes sociale et spirituelle vont de pair. C'est ce que nous allons développer dans le troisième chapitre.

---

[132] Cité par Ever Van de Polt, p. 29.

CHAPITRE 3 - PERSPECTIVES BIBLIQUES ET THÉOLOGIQUES DU DÉVELOPPEMENT

Les divergences d'approche idéologiques et théologiques qu'entretiennent les chercheurs, n'entament en rien les aspirations profondes enfouies au fond du cœur de l'homme. Du point de vue scientifique, les débats contradictoires nécessaires mais parfois stériles, n'avancent en rien le sort de l'homme qui semble voué à la destruction programmée de l'univers dans un futur proche. L'homme n'a pas encore fini d'explorer les confins de l'univers, les fonds des océans, les profondeurs de la croûte terrestre, ni même de comprendre l'apparition des phénomènes météorologiques insoupçonnés comme la multiplication des formations cycloniques ces derniers temps. Il n'y a rien d'absolu dans ce domaine, tout reste relatif.

Tout cela doit donc rappeler à l'homme d'être assez humble, car la science[133] n'a pas encore trouvé de réponse à ces préoccupations de développement, et n'a pas vocation au-delà des limites incontestées que lui définissent les évènements paranormaux, extrasensoriels et surnaturels, qui seraient du domaine de la métaphysique. Du point de vue ontologique, il est admis que l'homme n'est pas seulement

---

[133] Une illustration est l'évolution des sciences médicales. Dans les siècles passés on croyait que les maladies étaient dans le sang, et qu'il suffisait de vider le patient de son sang pour le guérir. Un président américain fut du nombre des victimes. Il n'est pas rare que des médicaments disparaissent des rayons des pharmacies après quelques années, non seulement à cause des effets secondaires mais à cause de la nocivité des produits prouvés par des expériences ultérieures d'autres chercheurs.

constitué de partie matérielle et immatérielle. C'est pourtant ce qu'on peut voir à travers les propagandes des athées qui tirent leurs conclusions des hypothèses des philosophes, et autres psychanalystes que nous pensons qui souffriraient de troubles peu perceptibles à cause de leur érudition[134]. Ces démences seraient liées à une rébellion[135] contre l'existence d'un être suprême mal représenté, par les institutions et les hommes censés l'incarner et qui offrent ainsi des arguments à ces savants pédants.

Il y a matière à réfléchir si nous devons trouver une solution idoine pour l'homme qui n'aspire qu'à jouir du bien-être. En comprenant sa composition intrinsèque, en établissant les relations de causalités, en analysant ses besoins existentiels, en définissant les tenants et les aboutissants, il y a de fortes chances que l'homme s'en sorte. Plusieurs personnes ont eu à témoigner des transformations radicales et authentiques qu'ils auraient vécues. Ces

---

[134] La liste des intellectuels européens, les grands auteurs et romanciers – Rousseau, Diderot, Voltaire pour ne citer que ceux-là – qui ont changé le cours de l'histoire moderne en Occident, est longue quand on voit les relations qu'ils ont entretenues avec les cercles ésotériques, et les pratiques des orgies érotiques qui accompagnent les messes de minuit des sciences occultes. Pourquoi la morale et l'éthique ne font pas partie de leurs mœurs, eux qui ont provoqué des révolutions populaires en profitant des malaises sociaux pour changer des systèmes politiques.

[135] Le cas de Karl Max mérite notre attention. Issu du peuple juif et appartenant à une famille croyante, le mauvais traitement conseillé à son père par un prêtre pour son éducation va le révolter au point où il combattra la religion de toutes ses forces intellectuelles. « La religion est l'opium du peuple ». Il a été prouvé par Richard Wurbrand dans plusieurs de ses écrits que Max était un adorateur de Satan.

témoignages vont au-delà des individus pour toucher des régions entières.

À la lumière de l'anthropologie biblique, nous verrons l'impérieuse nécessité de prendre en compte le développement holistique[136], ensuite nous nous fonderons sur l'approche de Paul qui insiste sur le travail comme facteur de développement. Aussi, notre écrit va en donner quelques illustrations.

3.1. LES FONDAMENTAUX DE L'ANTHROPOLOGIE BIBLIQUE

La Bible parle de l'homme comme d'un être trichotomique[137], à savoir : esprit, âme et corps. Cette trinité doit induire des considérations physiques, psychologiques et métaphysiques[138]. Même si l'esprit et l'âme, qui sont immatériels, seraient du domaine de l'invisible, leur influence et leur impact sur la vie et l'existence de l'homme sont considérables. Il y a longtemps qu'on disait que les maladies étaient somatiques. La science nous permet aujourd'hui de dire, qu'il n'y a pas de fatalité dans la mesure où on parle de maladies psychosomatiques. C'est dire que

---

[136] Développement humain basé sur l'équité et la justice sociale.

[137] Lire 1 Thes.5 :23.

[138] Nous avons choisi le mot métaphysique pour remplacer spirituel dans cette phrase – du domaine de l'esprit en grec *pneuma* – c'est ainsi qu'il faudra comprendre notre démarche dans notre argumentaire.

l'avenir nous réservera d'autres surprises grâce aux découvertes dans ce domaine.

Les composantes de l'être humain ont chacune des préoccupations divergentes. Néanmoins, elles ont toutes des répercussions convergentes. Traiter l'une sans tenir compte de l'autre donne des résultats temporaires, incomplets et insuffisants, ce qui engendre de l'insatisfaction. Le traitement spécifique n'exclut pas la vision intégrale de l'homme, dont les composantes sont interconnectées.

L'être humain présente donc *grosso modo* une triple strate que nous essayerons de décomposer, en vue de faire ressortir les particularités individuelles et les constituants de chaque substrat. Nous choisissons une phrase de Paul dans son second écrit à Timothée, un jeune leader qui doit se prouver, et à qui il donne les instructions suivantes : « Quand tu viendras, apporte le manteau que j'ai laissé à Troas chez Carpus, et les livres, surtout les parchemins[139] ».

Il en ressort de la demande de ce leader avancé en âge, et sur la liste des condamnés à mort, trois choses à travers celles mentionnées, et qui confirment la base à l'allure trilogique de l'être humain : le manteau pour le corps, les livres pour l'âme et les parchemins pour l'esprit. Voyons le développement du trio. Le premier serait le corps.

3.1.1. Le corps

Notre réflexion se focalise sur la sollicitation de Paul à Timothée contenue dans le Livre 2 Timothée 4. Dans cette

---

[139] Cf. 2 Tim 4 :13.

Épître, Paul réclame son manteau afin de pallier au froid hivernal du moment. En effet, Paul se trouverait chez un habitant de la ville de Troas, un certain Carpus. Ce vêtement assez épais sert non seulement à couvrir le corps mais aussi de le protéger. Il permet à l'usager d'être à l'aise même quand le mercure descend au-dessous de zéro, comme c'est plus souvent le cas dans cette partie du globe.

Le corps humain est une enveloppe qui protège notre organisme. Le vocable grec qui le désigne est *soma*. Son entretien est nécessaire pour le bon fonctionnement de l'organisme qu'il couvre. L'hygiène corporelle négligée peut être cause de mauvaise santé. Il y a des infections qui s'effectuent par la voie cutanée. Le système pileux, le tissu adipeux, les organes sensoriels et locomoteurs, et les différents appareils (digestif, respiratoire et circulatoire) sont assujettis à la nutrition, à l'environnement, aux émotions, aux relations. Prendre soin de son corps est une nécessité pour une bonne santé. On parle d'un esprit sain dans un corps sain.

Si les membres d'une communauté sont ignorants des rudiments de l'hygiène corporelle et alimentaire, ladite communauté de foi passera son temps à les enterrer. En plus, les membres malades ne pourront pas contribuer au développement socioéconomique de l'Église ou de la communauté. Dans la mesure où les structures sociales manquent cruellement dans nos nations, les charges pèseront sur la famille ou sur l'Église, ce qui handicapera le progrès des autres membres du groupe familial ou ecclésial.

Les premiers remèdes du corps humain sont une bonne alimentation pour son entretien[140], son développement intégral, tout en le débarrassant de certaines toxines. Elles sont sources de nombreux malaises, et d'une vieillesse précoce accélérée des cellules organiques. L'éducation s'invite dans ce cas, car l'Église est aussi une école.

Nous avons dit que le manteau couvrait le corps. Paul a ensuite demandé les livres dans lesquels, il puisait les ressources pour son âme.

3.1.2. L'âme

Du grec *psyché,* l'âme est le siège de nombreuses facultés[141] émotives, affectives, cognitives, volitives, et même des mauvaises pulsions définies comme le péché (*thanatos*), et dans le langage biblique, la chair[142] ou *sarx* en grec.

Paul instruit Timothée de lui apporter les livres. Cet homme doté d'un grand savoir, se cultivait[143]

---

[140] La pratique du sport est aussi conseillée à travers les exercices cardiologiques. En plus, la transpiration qui est synonyme de brûler les mauvaises graisses et l'élimination des calories évacuent en même temps les toxines.

[141] Les émotions (humeur, colère, peur), les affections (sentiment, tendresse, amour), la connaissance (intelligence, réflexion, idée, pensée), la volition (volonté, détermination, choix).

[142] Il apparaît clairement en grec que la chair – *sarx* – est différente du corps – *soma*. La chair se situe dans l'âme, et se définit comme le siège des mauvais désirs. Certes, une fois le péché conçu, ce sont les membres du corps qui seront actionnés pour la consommation.

[143] Les connaissances de Paul allaient au-delà des saintes écritures. Il cite des écrivains séculiers en l'occurrence dans Tit.1 :12 où il parle des

intellectuellement inlassablement, et même en prison dans sa vieillesse, il continuait à nourrir son âme. Il nous démontre que la connaissance n'est pas incompatible avec la foi chrétienne.

Nous avons observé que la médiocrité caractérise le monde chrétien, et surtout africain. Ceci est dû au fait que l'éducation pose problème à cause de plusieurs facteurs. Malheureusement, on remarque que l'Église ne prend pas le relais pour aider les citoyens, qui sont les membres qui la peuplent, à sortir de l'ignorance.

L'Église doit aider les croyants à adapter les écoles selon leur priorité et leurs besoins de formation. La plupart des chômeurs sont des intellectuels ayant fini des études du second cycle, et qui ne trouvent pas d'emplois ni de débouchés. Ayant tous suivi des formations diplômantes, ils sont sur le carreau parce qu'il n'y a pas de place pour eux dans la fonction publique, et que les employeurs des secteurs privés n'ont parfois guère envie de les embaucher, de peur qu'ils ne coûtent à leur budget.

L'éducation et le renforcement des capacités lutteront contre la corruption devenue endémique dans nos

---

poètes crétois. Il confrontait les philosophes grecs et mettait en garde contre leur enseignement, la gnose. Cf. Act.17 :18 ; Col 2 :8. Les étudiants de Gamaliel se recrutaient après les concours que les candidats passaient. Paul a subi l'épreuve avec succès pour faire partie des étudiants de Gamaliel.

Aussi lire Act.26 :24.

États, à condition qu'ils répondent à l'équation éducation/emploi.

L'éthique modifiera le comportement des croyants responsables et cadres dans la nation. La probité intellectuelle à elle seule ne suffit pas, et les mauvais témoignages des croyants qui dirigent les pays africains sont souvent contradictoires à ce qu'ils crient tout haut.

Le dernier élément de la trinité du corps humain est l'esprit. Notre approche sera limitative et indicative.

3.1.3. L'esprit

Le dernier substrat dans notre composition est l'esprit. Du grec *pneuma,* c'est la dimension métaphysique dont nous avons fait mention et qui est méconnue et torpillée, pour des raisons inavouées par des faiseurs d'opinion de tout acabit.

Paul réclame les parchemins qui sont les rouleaux des écrits sacrés. Son excellente connaissance des écrits vétérotestamentaires, dont les passages sont abondamment cités dans ses missives épistolaires, en témoigne. En plus, il a largement contribué à la rédaction des livres néotestamentaires[144]. Au moment où il enjoignait à Timothée de lui faire parvenir les écrits anciens, le Nouveau Testament n'existait qu'en fragments épars au travers les lettres envoyées aux différentes Églises.

---

[144] Treize livres au moins sur vingt-et-un dont compte le NT sont les œuvres de Paul.

L'esprit de l'homme est cette partie centrale qui peut se connecter avec les réalités du monde invisible. Ce contact[145] peut le mettre dans un autre état de prophétisme, transe, divination, spiritisme. Les esprits qui sont dotés de facultés surnaturelles possédant des corps spirituels, ne sont pas visibles à l'œil nu, même si certaines personnes peuvent ressentir leur présence. Le cœur de l'homme – en grec *kardea* – dont parle la Bible se situe dans cette zone d'influence spirituelle.

On peut percevoir combien l'homme est complexe. Dans sa composition physique, et aussi dans ses rapports avec plusieurs entités : le monde ambiant qui l'entoure, le cosmos invisible qui influence sa vie sans son avis, l'écosystème qui lui fournit nourriture et abri, l'au-delà qui est déterminant pour sa destinée éternelle.

3.1.4. *Un ensemble indissociable*

L'anthropologie biblique comme nous l'avons survolée, est un socle qui définit le développement holistique car l'homme est intégral. On ne peut ou on ne doit saucissonner l'individu dans les traitements supposés lui être salutaires. C'est cette compréhension de l'homme dans son intégralité qui pourra déterminer un développement adéquat qui ne serait pas un simple placebo.

Dans les lignes qui vont suivre, nous ferons appel à l'exemple de développement de Jésus, qui, nous le croyons,

---

[145] C'est par ce biais qu'opèrent les mystiques et les devins.

symbolise la norme pour le commun des mortels. Essayons de détailler ce développement dont il est question.

3.2.   LE DÉVELOPPEMENT INTÉGRAL

Nous nous référons à la Bible pour voir le fondement de la mission holistique qui se traduit par le développement intégral de l'être humain[146]. Le médecin Luc en scientifique rompu, nous aide dans cette démarche. Il écrit au sujet de l'homme Jésus : « Et Jésus croissait en sagesse, en stature, et en grâce, devant Dieu et devant les hommes[147] ». Le verbe croître est synonyme de développer, progresser, évoluer, augmenter, grandir, épanouir. On voit une action dynamique, un mouvement constant.

Ce passage nous fait voir quatre domaines de développement de l'homme qui a été Jésus. Cette croissance n'est pas spécifique à ce dernier comme nous l'avons suggéré, elle concerne tout individu normalement, scientifiquement et biologiquement constitué. C'est un modèle qui doit faire école dans le milieu chrétien. La cristallisation des enseignements sur les aspects spirituels de

---

[146] La notion du processus de développement apparaît dans les premières pages de la Bible, même si le concept n'est apparu que très tard dans notre siècle. On peut voir le développement social – vie conjugale (Gen.1 :27) et vie familiale (Gen.1 :28) ; aspect managérial (Gen.2 :15-17) ; le développement économique (Gen.1 :29 ; 2 :11-17) ; le développement spirituel (Gen.1 :26-28) ; le développement intellectuel (Gen.2 :19-23). Le développement holistique prend en compte l'aspect matériel (social) et immatériel (spirituel) de l'homme.

[147] Cf. Luc 2 :52.

la vie du croyant ne trouve pas écho dans ce que nous allons développer.

Considérons le premier domaine dans lequel la croissance a pu se produire. Il nous apprendra combien l'éducation est si importante.

3.2.1. Croître en sagesse

La croissance en sagesse de Jésus fait appel à son développement intellectuel. Son intelligence se traduit par sa connaissance des domaines variés de la vie. Sa méthodologie d'enseignement consistait souvent à raconter des histoires[148] pour aider le peuple peu instruit à comprendre le sens de ce qu'il disait. La profondeur et la sagacité de ses enseignements témoignent combien ses réflexions étaient mures. Il pouvait parler avec maîtrise de divers sujets allant de l'agriculture à la gestion, en passant par la société ou le leadership.

En effet, la sagesse est la capacité de mettre en pratique la connaissance. Cette habileté ou faculté n'est pas innée, elle se développe. Le manque de sagesse dans la vie de certaines personnes les rend théoriques voire stériles. Elles ne peuvent traduire tangiblement les connaissances qu'elles prônent détenir.

Si Jésus avait besoin de se développer en se cultivant, en apprenant, en se disciplinant, les croyants en ont aussi besoin. N'est-ce pas étonnant qu'il n'ait pas suivi leur

---

[148] La plupart des histoires étaient des paraboles. Il utilisait le vécu, le connu pour enseigner ce qui était du domaine de l'invisible. Des histoires terrestres pour illustrer les réalités célestes ou spirituelles.

cursus[149] académique, et qu'il savait mieux que quiconque les Saintes Écritures[150]. Il se pourrait qu'il soit autodidacte. Étant la parole incarnée, il se nourrissait voire se délectait de la parole écrite.

Le développement intellectuel des membres de l'Église doit aussi préoccuper les leaders. Nous n'allons pas nous répéter, même s'il est dit dans l'instruction que la répétition est la mère de la pédagogie.

Si la connaissance s'acquiert, il faut créer les conditions propices pour la rendre accessible à un maximum de personnes. Puisque nous sommes issus de la tradition orale, les méthodes de Jésus sont donc à notre portée pour véhiculer la sagesse. On voit la quintessence de cette oralité dans les prestations des griots. Et c'est aussi avec raison qu'on dit en Afrique : « quand un vieillard meurt, c'est tout une bibliothèque qui brûle ».

En plus du développement de la sagesse, Jésus s'est aussi développé dans le domaine physique. C'est de cela que nous allons maintenant parler.

---

[149] Jean 7:15 ''Les Juifs s'étonnaient, disant: Comment connaît-il les Écritures, lui qui n'a point étudié ?''

[150] Son autorité venait des Écritures qu'il citait et non des fameux auteurs ou rabbins auxquels il pouvait se référer. ''Vous avez appris qu'il est écrit, mais moi je vous dis'' ou encore ''allez et apprenez'' étaient des locutions bien comprises par ses contemporains, surtout les érudits religieux.

3.2.2. Croître en stature

La stature fait allusion au physique. Jésus développait son corps. Il exerçait le métier de charpentier, un travail manuel qui fait appel aux muscles. Le sciage, le rabotage, le clouage, l'épinçage, le vernissage, toutes ces actions requièrent de la force physique pour être exécutées.

On avait vu comment Paul protégeait son corps. Le corps est un don de Dieu, et à ce titre il doit être entretenu. Certaines maladies peuvent être évitées si de simples règles d'hygiène sont enseignées au peuple. L'importance du corps se voit dans cette expression descriptive comme étant le temple du Saint-Esprit.

Les exercices physiques qui ne sont pas dans les programmes hebdomadaires des leaders ecclésiastiques et les clercs, témoignent de l'ignorance des bienfaits du sport dans la vie de l'homme car il améliore la santé. Par la transpiration, les toxines sont éliminées, les graisses[151] brûlées, le sang oxygéné, le rythme cardiaque amélioré, le cerveau aéré, les muscles revitalisés.

La manière dont nous conduisons nos vies, a un rapport avec notre état de santé mentale et physique. L'abus de l'alcool, de la cigarette, des drogues et autres substances

---

[151] Le surplus de sucre non consommé dans l'organisme se transforme en graisse. Cette graisse peut entraîner des maladies tels le diabète quand le pancréas en est couvert, l'hypertension quand les vaisseaux sanguins sont bouchés. Les aliments salés, sucrés et gras doivent être consommés avec modération car ils sont nuisibles à la bonne santé. Il faut connaître la quantité de calories dont le corps a besoin quotidiennement en fonction des travaux à effectuer. Il faut noter que le cerveau consomme les 90% de calories. C'est pour dire combien ceux qui se donnent aux activités intellectuelles doivent bien s'alimenter.

addictives ruine progressivement la santé et tue à petit feu. L'épuisement physique ouvre la porte aux maladies opportunes qui profitent de l'état d'affaiblissement de l'organisme pour s'attaquer aux gènes responsables et autres anticorps qui luttent contre les agressions virales, bactériennes ou microbiennes.

Aussi important que soit le développement physique, la croissance de Jésus visait aussi le domaine spirituel que nous allons traiter dans les lignes qui suivent.

3.2.3. *Croître en grâce devant Dieu*

Sachant qu'il est écrit que Dieu soutient ceux qui l'honorent et qui trouvent leur plaisir dans la méditation de ses lois, l'homme Jésus remplissait les conditions pour attirer les faveurs divines sur sa vie. Cette faveur imméritée devenait abondante tous les jours.

Croître dans la faveur divine exige une discipline spirituelle et une obéissance et soumission absolues à la volonté du Très Haut. En effet, Jésus savait qu'il ne pouvait rien sans le créateur. Il voulait que sa mission s'achève en beauté. Il n'était pas prêt à commettre les mêmes erreurs qu'Adam. Son baptême de feu dans le désert a montré sa détermination à demeurer dans la parole, et il a triomphé de la tentation à laquelle il avait été soumis.

Sachant aussi qu'on ne peut tricher avec Dieu, la seule chose à faire pour profiter de sa faveur est de lui être agréable. Sa présence fait la différence même au milieu des oppositions les plus farouches, ou les hostilités les plus cruelles. L'insécurité caractérise notre monde, et cela inquiète les hommes qui n'ont pas d'abri sûr. La paranoïa peut disparaître par l'assurance d'une sécurité surnaturelle.

La psychose engendrée par le terrorisme aveugle – et plus récemment par le virus grippal Covid19 – ne peut atteindre ceux qui profitent de la faveur divine sur leurs vies. Grandir dans cette grâce peut aussi être un exercice de piété que l'apôtre trouve utile à beaucoup de choses, dans cette vie et celle à venir.

Enfin parlons du dernier domaine de la croissance de Jésus : en grâce devant les hommes, c'est-à-dire dans les relations sociales.

3.2.4. *Croître en grâce devant les hommes*

Ce domaine nous interpelle dans nos rapports avec nos semblables sur comment nous gérons les relations humaines et familiales. Nous savons combien le témoignage[152] est important pour attirer les hommes à nous joindre dans ce que nous estimons être de plus haute valeur dans la vie. C'est pour cette raison que les enquêtes de moralité sont menées, à l'insu d'un candidat potentiel, dans son entourage avant de le nommer à un poste de responsabilité conséquent dans les affaires du monde. Paul énumérait les qualités requises pour l'accréditation des fonctions d'anciens ou de diacres dans l'Église.

Jésus croissait dans la grâce devant les hommes, cela voulait dire qu'il trouvait faveur dans la société. Il a grandi dans une famille au statut social modeste. Il a appris auprès

---

[152] L'un des critères énumérés dans le choix des premiers diacres était le bon témoignage, cf. Act.6 :3.

de Joseph le métier de charpentier. Il fabriquait des meubles et les vendait jusqu'à l'âge de trente ans. Il gagnait honnêtement sa vie. Faire les affaires est synonyme d'être un homme de relation et surtout savoir entretenir les relations pour fidéliser la clientèle. Ne pas arnaquer dans les produits vendus. Savoir discuter des prix et savoir convaincre les clients. Il n'avait pas besoin de suivre des cours de marketings ou faire des publicités mensongères, comme c'est souvent le cas aujourd'hui.

Être apprécié dans le milieu social est un défi actuel pour les croyants dans un monde où le 'Paraître' a supplanté l''Être'. Tout ce temps d'activités manuelles avait donné une certaine réputation à Jésus. Lorsqu'il a commencé son ministère, il ne sortait pas du néant. Il avait un passé bien connu par sa famille, ses voisins, ses clients, bref ses contemporains. Il avait néanmoins osé lancer un défi que beaucoup parmi nous hésiterons à faire : « qui de vous me convaincra de péché[153] ».

Ce témoignage d'un bon rapport social dans une société marquée par la frustration du peuple dominé par les Romains, la haine envers les compatriotes collabo, un esprit d'insurrection latente, nous convainc que la fin prématurée de Jésus n'était pas le résultat d'une faute grave sur cette

---

[153] Cf. Jean 8 :46. Les collègues de Daniel ne pouvaient trouver de motif pour l'accuser, cf. Dan.6 :5. Samuel a osé comme Jésus demander en public qui parmi le peuple pouvait lui faire des reproches dans son leadership, cf. 1 Sam.12 :3. Quand quelqu'un a la crainte de Dieu, cela se répercute sur son vécu et son témoignage en est affecté positivement parmi les hommes, même si la méchanceté des hommes peut parfois triompher pour un temps.

terre contre les hommes ou César. C'est par pure jalousie comme Pilate l'avait constaté, mais c'était aussi pour que les prédictions se réalisent.

Le développement intellectuel, physique, spirituel et social que nous venons de traiter doit s'inscrire dans le programme de l'Église afin d'aider les membres à servir dans toutes leurs potentialités, et de donner le meilleur d'eux-mêmes.

Examinons comment Paul s'y prenait dans son ministère quand les soutiens venaient à manquer. Le travail est facteur de développement.

3.3. LA PHILOSOPHIE DE TRAVAIL DE PAUL

Nos réflexions ne voudraient pas verser dans la conception du travail dans le monde gréco-romain de l'antiquité, et celle des philosophes stoïciens. Nous convenons que le Nouveau Testament et l'Ancien sont liés, et que les précurseurs de tous les païens qui entraient dans le royaume de Dieu étaient des Juifs. Nous fondons notre réflexion sur la Bible et la perspective chrétienne du travail, facteur d'intégration et de développement social, donné par Dieu à l'homme.

Le monde a beaucoup évolué de nos jours. Les civilisations ont transformé les mentalités au point où les enfants grandissent dans des familles qui n'ont plus de repère. Autrefois, les métiers se pratiquaient de père en fils. Jésus a exercé dès son jeune âge comme charpentier parce que Joseph son tuteur en était un. Pierre, Jean, Jacques et André sont issus de familles qui avaient des entreprises familiales de pêche. Paul aussi savait fabriquer des tentes pour en tirer profit.

Le travail est une bénédiction. Très tôt dans le jardin d'Éden, il était confié à Adam la responsabilité de prendre soins de l'environnement. Ses enfants étaient l'un cultivateur et l'autre éleveur.

Si l'homme doit désormais gagner son pain à la sueur de son front, cela ne veut nullement dire que le travail est une malédiction, au contraire. Certes, les conditions d'exercer les besognes sont devenues plus pénibles à cause de l'intrusion du péché, mais le travail était confié à l'homme avant la chute.

L'histoire de l'Église et la pratique de la mission dans les différentes nations ne sont pas partout identiques. Traditionnellement pour faire la mission, il faut avoir plus d'un soutien financier. L'Église, la mission ou l'agence qui envoient sont tenues de verser périodiquement au missionnaire sur le terrain le soutien dont sa famille et lui ont besoin.

Pendant les trois ans qu'a duré l'apostolat terrestre de Jésus, les disciples qui l'accompagnaient n'avaient pas de souci à se faire. Leur maître s'occupait d'eux, et veillait sur des milliers de personnes qui les suivaient pour bénéficier de son ministère. La fin de son ministère terrestre anticipé, a provoqué de la crispation au milieu de son entourage. Il rendait par le même les disciples nerveux et anxieux quant à leur avenir et leur devenir pendant ce temps de préavis relativement court.

L'Église dans ses débuts a rencontré des problèmes dans le soutien des premiers croyants. Ils se sont rappelés des paroles du maître enlevé, quoique les apôtres aient préféré sagement de délaisser le service de la table à une autre catégorie de croyants, pour s'atteler au ministère de la Parole et de la Prière. Nous savons que l'entreprise n'a pas fait long feu. Non à cause de la pratique, mais du fait qu'une famine annoncée a bouleversé toutes les donnes.

Paul n'était pas un adepte du gain facile, ni de l'Évangile de la prospérité. Il ne servait pas pour son ventre, mais travaillait de ses mains pour soutenir son ministère et son équipe. Il avait le droit d'être soutenu, mais il a préféré donner de bons exemples qui ont fait école notamment à Corinthe, Éphèse et à Thessalonique.

3.3.1. Corinthe

Pendant le deuxième voyage missionnaire qui conduira Paul et son équipe en Europe, l'apôtre finira par se retrouver en Corinthe. Il y avait dans cette ville un couple juif expulsé[154] de Rome qui l'a hébergé. Cela tombait bien car Aquilas, c'est le nom de l'homme, était fabricant de tentes tout comme son hôte. Une petite entreprise artisanale s'est développée jusqu'à l'arrivée d'autres membres de l'équipe de Paul en provenance de Macédoine.

---

[154] Claude avait demandé aux Juifs de sortir de Rome, c'est ainsi que Aquilas et Priscille sa femme se retrouvèrent à Corinthe. Cf. Act.18 :1-3. Paul a séjourné 18 mois dans la ville de Corinthe (vs.11).

Ce n'était pas un passe-temps que de fabriquer les tentes. Paul souhaitait toujours jouir de l'autonomie financière, tout en restant reconnaissant envers tous ceux qui soutenaient son ministère. Aujourd'hui ce modèle[155] est utilisé par une catégorie de croyants ou de missionnaires qui introduisent les affaires dans certaines nations afin d'en profiter pour témoigner l'Évangile.

On peut aussi tirer de cette approche, une sorte de partenariat d'affaires entre des frères de même corps de métier ou de sous-traitance, dans la communauté de foi pour aider dans l'avancement du royaume de Dieu. Leur projet créera aussi des emplois aux nombreux jeunes chrétiens diplômés et chômeurs. Des réseaux peuvent ainsi se développer.

3.3.2. Éphèse

Ce fut un moment émouvant d'adieu qui eut lieu avec les anciens d'Éphèse, lors du troisième et dernier voyage missionnaire de Paul, quand l'apôtre devait quitter l'Europe pour retourner en Asie. En précisant qu'il n'allait plus jamais se revoir. En leur montrant ses mains, Paul a ajouté : « Vous savez vous-mêmes que ces mains ont pourvu à mes besoins et à ceux des personnes qui étaient avec moi. Je vous ai montré de toutes manières que c'est en travaillant ainsi qu'il faut soutenir les faibles, et se rappeler les paroles du

---

[155] Faiseurs de tentes. Il y a en fait plusieurs tendances ou mieux versions. Business As Mission/ Business With Mission/ Business For Mission. Les premiers font des affaires qui sont leur champ missionnaire. Les seconds accompagnent la mission avec des affaires. Les derniers utilisent les affaires pour avancer la mission.

Seigneur, qui a dit lui-même : Il y a plus de bonheur à donner qu'à recevoir [156]».

Nous pouvons conclure de cette philosophie de travail, que l'apôtre Paul indiquait un exemple de développement aux croyants. Car le travail permet de s'occuper des plus démunis et rend l'homme responsable en ce qu'il est en mesure de se prendre en charge, et aussi d'assister les autres.

On peut aussi apprendre, puisqu'il est question de soutenir les faibles, que nous devons être disposés à être une réponse aux nécessiteux, et ne pas toujours lancer des SOS de collectes en faveur des victimes des catastrophes. Et cela réclame que les fruits des heures investies au travail servent à bénir les autres. Un sacrifice qui honore le Seigneur.

3.3.3. Thessalonique

Des Européens idolâtres qui reçoivent l'Évangile et manifestent une conversion authentique. En dépit des persécutions, ils tinrent ferme et leur témoignage alla au-delà de leurs propres frontières. Pour éviter le désordre – des gens qui ne travaillent pas et qui passent tout leur temps dans des discussions futiles – Paul exhorte ceux qui ne veulent pas travailler de s'abstenir de manger.

Et pour être un exemple, Paul a travaillé de ses mains durant les trois semaines qu'il demeura avec eux. Il leur écrivait : « Vous vous rappelez, frères, notre travail et notre peine : nuit et jour à l'œuvre, pour n'être à charge à aucun

---

[156] Cf. Act. 20 :34-35.

de vous[157] ». Nous retrouvons encore une fois ici ce souci de ne pas peser sur les gens, quoique cela soit tout à fait légitime d'être soutenu par l'Église.

Cet autre passage de l'apôtre dans sa seconde missive aux croyants de Thessalonique est davantage plus explicite :

> *Nous n'avons mangé gratuitement le pain de personne ; mais, dans le travail et dans la peine, nous avons été nuit et jour à l'œuvre, pour n'être à charge à aucun de vous. Ce n'est pas que nous n'en eussions le droit, mais nous avons voulu vous donner en nous-mêmes un modèle à imiter. Car, lorsque nous étions chez vous, nous vous disions expressément: si quelqu'un ne veut pas travailler, qu'il ne mange pas non plus. Nous apprenons, cependant, qu'il y en a parmi vous quelques-uns qui vivent dans le désordre, qui ne travaillent pas, mais qui s'occupent de futilités[158].*

En plaçant les épîtres aux Thessaloniciens dans leur contexte eschatologique, ceux qui au nom du retour imminent du Seigneur s'abstenaient de travailler ou se privaient d'une occupation rémunératrice, ont fait l'objet de reproche de la part de l'apôtre. Et l'Église africaine doit en tirer des leçons.

Telles sont des exemples qui doivent inspirer des leaders pour aider l'Église à se débarrasser des parasites en leur sein. Cela exige aussi de privilégier les enseignements

---

[157] Lire 1 Thes. 2 :9.

[158] Cf. 1 Thes .3 :8-11.

et la formation dans l'Église pour la capacitation des membres.

En plus, il est du ressort de chaque leader de savoir conjuguer le ministère avec le travail de ses propres mains dans l'optique de trouver rapidement des solutions aux préoccupations, comme une des pistes de réflexion pour la réalisation des entreprises sociales initiées par les communautés de foi. En faisant comme Paul, plusieurs leaders parviendront à résoudre les problèmes récurrents de ration alimentaire, de loyer, d'ordonnances médicales, d'écolages des enfants, etc.

CHAPITRE 4 - DÉVELOPPEMENT SOCIAL LOCAL

Il est vrai que les missionnaires pionniers ont fait preuve de réalisme en abordant les problèmes sociaux sous différents angles selon qu'ils se posaient. Même dans les domaines où l'administration[159] coloniale faisait montre d'une tergiversation surréaliste, la compassion qui avait poussé les premiers missionnaires à braver les dangers de toutes sortes pour se rendre sur le continent, a contribué à les motiver à intervenir de manière non abjecte.

Les missionnaires, dans leur entreprise comme pionniers, n'avaient pas lésiné sur les moyens d'encourager les populations à l'éducation, alors qu'elle n'était pas prioritaire pour les colons dans cette partie de l'Afrique. Le développement des centres de santé dans l'Oubangui-Chari, par exemple, était forcé par l'extermination de la population suite aux épidémies dans le pays.

Nous constatons que cette triste réalité s'est étendue à tout le continent à l'époque, décrite dans cet article intitulé « De la médecine coloniale aux soins de santé primaires »[160]. Une circulaire ministérielle du 10 décembre 1924, dont le contenu prête à la médecine prônée en ce temps une approche de vétérinaire colonial, affirme : « il faut

---

[159] C'est ici l'occasion de dissocier les contributions de l'Église à la soi-disant mission civilisatrice de la colonisation, où on justifierait des pratiques inhumaines par des résultats positifs qui seraient en fait les réalisations des missions qui ne recevaient aucune subvention de l'administration coloniale.

[160] *Cahiers des Sciences Humaines*, 1992, 28(1) pp.123-140.

développer les races[161] indigènes en qualité et en quantité ».
Ce n'est qu'un exemple, entre autres, soit

Nous essayerons de présenter les domaines où
l'Église a significativement contribué dans le domaine
social[162]. Nous admettons que les crises récurrentes qui
rythment la vie politique et sociale de la République
Centrafricaine, ont détruit la plupart des structures et
infrastructures qui jadis servaient d'espace, où la population
pouvait trouver une solution ne fût-ce que temporaire voire
pour une durée limitée. Nous sommes d'accord avec ce
commentaire sur l'accomplissement des travaux effectués
par les missionnaires :

> *Nous n'enlevons rien à ce qu'a accompli la mission des*
> *derniers siècles. Son histoire est impressionnante. Sans*
> *occulter les défauts et les erreurs, les préjugés culturels*
> *et les liens parfois trop étroits avec le colonialisme,*
> *nous ne pouvons qu'être reconnaissants envers le*
> *Seigneur et admiratifs devant les hommes et les femmes*
> *qui ont fait d'énormes sacrifices pour apporter*

---

[161] Nous savons que l'esclavage qui a appauvri le continent africain, a
enrichi les continents de destination. Les rescapés demeurés sur le
continent avaient fui dans les régions difficilement accessibles pour
survivre, où ils étaient délaissés parce qu'ils étaient chétifs. Le
commerce triangulaire réclamait des hommes vigoureux, et le procédé
s'était perpétré en Amérique où on accouplait des indigènes susceptibles
de procréer des hommes robustes pour continuer les travaux serviles. La
colonisation qui a perpétué les pratiques inhumaines a à son tour
développé une approche où l'indigène était traité comme une bête.

[162] On peut aujourd'hui nuancer ce pragmatisme en accusant les missions
de faire du prosélytisme par le social, et aussi vu l'incapacité des États à
prendre en charge la population sur le plan social, cela arrangerait
l'affaire des missions et des églises. Soit !

l'Évangile jusqu'aux extrémités de la terre, jusqu'au fin fond de vastes continents.[163]

Nous reconnaissons qu'en plus de l'annonce de l'Évangile, les missionnaires ont entrepris la construction des centres de formation, des imprimeries, des centres de santé, des moyens logistiques, des appartements, des orphelinats dont la liste n'est pas exhaustive.

3.1.   L'ÉDUCATION

L'Église a compris dès les premières heures que l'instruction était nécessaire pour sortir le peuple de l'ignorance, de la superstition, de l'illettrisme. La religion chrétienne – catholique et protestante – a encouragé la création des écoles qui ont formé les cadres et la population. L'abbé Barthélémy Boganda, le père fondateur de la nation centrafricaine, est un fruit et un exemple de ce que les missionnaires ont réalisé dans le pays.

En plus des écoles, les églises ont encouragé le développement de l'alphabétisation, pour la traduction de la Bible en langue Sango, afin de permettre aux adultes qui n'ont pas pu fréquenter l'école de savoir lire, écrire et compter. Le résultat de cet effort est phénoménal, quand on voit comment les adultes parviennent à déchiffrer les documents qui leur sont présentés.

---

[163] *Mission Intégrale, vivre, annoncer et manifester l'Évangile, pour que le monde croie*, p.20.

Dans cette dynamique, les jeunes filles pouvaient apprendre la couture tandis que les jeunes garçons se retrouvaient, pour certains, à faire du jardinage. D'autres étaient orientés dans des centres de formation technique de menuiserie, maçonnerie, mécanique, secourisme, petit élevage. Ces centres se sont multipliés dans plusieurs endroits du pays. Parfois, ce sont les seuls endroits de référence dans les localités, vu que l'État ne peut investir faute de moyens.

En plus, les missionnaires protestants, les sœurs et les prêtres catholiques ont été des enseignants dans les écoles primaires, secondaires – collèges et lycées – du pays, contribuant ainsi au-delà de leur apostolat à l'éducation de la population centrafricaine, en général, et à celle des élites nationales, en particulier. Leur présence se remarquait dans les établissements de la capitale tout comme dans l'arrière-pays jusqu'à un passé récent.

Quels sont les efforts fournis par ces missionnaires, en plus de l'éducation, dans le domaine sanitaire ?

3.2. LA SANTÉ

La même ardeur remarquée dans le domaine de l'éducation s'est aussi traduite dans celui de la santé. Allant de simples centres de santé aux hôpitaux, l'Église a énormément contribué à la bonne santé de la population centrafricaine. Certains centres sont spécialisés dans les soins : gynécologiques, ophtalmologiques, etc.

En plus des centres qui fonctionnent normalement, des missions foraines sont organisées[164], permettant que les populations soient touchées dans les localités et soignées gratuitement par les personnels chrétiens venus spécialement en mission à cet effet.

L'alimentation contribuant à la bonne santé, des poulaillers, des jardins, des vergers, des plantations ont été encouragés par l'Église pour l'amélioration de la nutrition synonyme de meilleure santé.

Et qu'en est-il des moyens et matériels déployés ou mis à la disposition de la population pour les aider ?

3.3.   MOYENS LOGISTIQUES

Des imprimeries[165] existaient à Bangui et à l'intérieur du pays, malheureusement elles ont été vandalisées par la population lors des mutineries à répétition

---

[164] Jusqu'à un passé récent avec la grave crise qui secoue le pays, Adonaï Mission Internationale, recevait des médecins américains et nigérians qui consultaient gratuitement dans les hôpitaux d'État, distribuaient des médicaments, etc. Nations En Marche, pour sa part, a organisé plusieurs consultations foraines, en déplaçant des personnels soignants de la capitale parmi les Pygmées. Christiane Furmann, Infirmière Diplômée d'Etat française, a séjourné plusieurs semaines en milieu Pygmées et Peuls pour apporter des soins, enseigner aux étudiants missionnaires les rudiments des soins primaires et hygiéniques, etc. Dr Rosine Fioboy, major Dolé Moussa, etc…en sont des exemples.

[165] Celle de la mid-mission Baptiste à Sibut s'était distinguée par l'impression du Cantique Sango BIA TI SEPALA, très cher aux églises évangéliques en Centrafrique.

dans l'histoire de la RCA. C'est triste de détruire de tels équipements dont le manque est très regrettable sur le plan national.

Des pistes d'aérodrome ont été initiées par des missionnaires pionniers, pour l'acheminement des matériels religieux dans les endroits reculés et difficiles d'accès en véhicule, ou encore pour des évacuations sanitaires.

Des centres missionnaires ont souvent été les seuls à posséder des radio-transmetteurs permettant d'établir le contact avec la capitale ou les autres zones. Les risques et menaces des bandits armés ont obligé plusieurs centres à s'en débarrasser.

Il y a aussi eu des garages qui ont énormément servi à réparer des véhicules étatiques des fonctionnaires dans les zones rurales. Des camions équipés et d'autres matériels ont servi pour les puits de forage.

3.4. LE LOGEMENT

Les cases de passage, les centres d'hébergement ou autres appartements des missionnaires sont régulièrement réquisitionnés par les autorités locale ou nationale, pour accueillir des dignitaires ou leurs représentants de passage. Des rencontres se déroulent dans ces centres aménagés par l'Église à l'intérieur du pays voire à la capitale.

3.5. ORPHELINAT

Très tôt, les missionnaires ont compris que selon Jacques, la religion pure et sans tâche consistait à s'occuper des personnes vulnérables. C'est ainsi que des orphelins ont bénéficié des soins des apôtres de première heure.

Nous citons encore ici l'exemple de Boganda, recueilli par le prélat après le décès tragique de ses parents. Il fut hautement éduqué dans les grandes écoles à l'époque avant de rentrer dans la prêtrise. C'est sur l'encouragement de son encadreur spirituel qu'il va se lancer dans la vie politique.

Il existe dans le pays des structures qui ont pris soin des orphelins. Plusieurs d'entre eux ont été encadrés et ont appris des métiers pour se prendre en charge et s'occuper des nouveaux orphelins.

Aujourd'hui on ne parle pas des villages créés par les missionnaires catholiques à l'intention des orphelins. Vu les mauvais traitements que ces personnes vulnérables subissaient, l'idée était de leur trouver des villages de refuge, et faire d'eux des porteurs de la bonne nouvelle. Et comme Jean Pierre Tuquoi l'a rapporté dans son livre *L'Oubangui-Chari le pays qui n'existait pas*, la culture méprisante et la stigmatisation des orphelins ont eu raison, et les villages ont peu à peu disparu pour ne plus laisser de traces.

3.6.- SYNTHÈSE

Nous faisons ressortir dans les tableaux ci-dessous, les réalisations des grandes dénominations sur le plan du développement social local. Sur la centaine des dénominations existantes en Centrafrique, une cinquantaine est affiliée à l'AEC (Alliance des Évangéliques en Centrafrique). Les grandes dénominations issues des missionnaires jusqu'à l'indépendance, ont le privilège d'avoir substantiellement contribué au développement social. Seulement, la pérennisation n'a pas toujours suivi, une fois qu'il y a dissidence ou si les missionnaires lâchent les dénominations. On peut constater pour le déplorer que les dénominations indépendantes n'ont presque rien fait dans ce domaine. C'est ce problème qu'il faut corriger. Ces tableaux indicatifs (récapitulatif et synoptique) résument les réalisations.

En annexe, nous préciserons les différentes dénominations qui ont fait l'objet de cette enquête, ainsi que leur participation audit développement local.

Tableau récapitulatif de réalisations dénominationnelles du développement local

N°	Dénomi-nation	Fonc-tion	Arri-vée	Origines	Réalisations	Relais	Observations	Date
1	AEBEC	Pasteur (ancien VP)	1964	Américain	Écoles bibliques Centre de formation Dispensaire Hôpital	Oui	Le travail holistique n'a pas décollé. IL n'y a pas eu passage de bâton	28 avril 2020
2	CEAC	Pasteur	1979	Européen (Français)	Écoles plusieurs récupérées par l'État Orphelinat Centre d'hébergement Station missionnaire 1 cabinet dentaire et 4 centres de santé Forages : Nola, Boda, Samba	Oui	Domaine socioéconomi que véritable défi	23 avril 2020

3	CEBI	Doyen Faculté	1920	Américain	École primaire 1 Faculté de théologie 6 instituts bibliques 4 dispensaires 1 hôpital	Oui	Le niveau des réalisations est réduit faute de finances	11 Juin 2020
4	CEEC/ AIM	Pasteur	1923	Américain	2 écoles privées École biblique Centre de formation professionnelle Centres médicaux Clinique de référence et maternité 3 stations missionnaires Piste avion	Oui en partie	La crise a entraîné le dysfonctionnement des œuvres sociales	3 Juin 2020
5	ECEC	Pasteur (ancien VP)	1960	Européen (Français)	École primaireÉcole biblique 2 Dispensaires	Jusqu'en 1998	Problème de développement holistique	Avril 2020
					Ecole maternelle, Primaire et Professionnelle Centre de			

					formation			
6	EEB	Ancien préside nt	1923	Européen (Suédois)	Orphelinat 7 dispensaires 1 hôpital Plusieurs cases de passage	Oui		27 avril 2020
7	FEEF	Membre CA	1921	Américain	École primaire et secondaire École biblique Dispensaire Case de passage	Oui	Besoin d'encourager l'initiative pour sortir de la pauvreté	20 avril 2004
8	LUTHE-RIEN	Pasteur	1930	Américain Européen (Allemand, Danois)	Plusieurs écoles construites et remises à l'État Centre de formation théologique Plusieurs dispensaires Centre de jeunesse Cases de passage Centre d'hébergement	Oui	Plusieurs projets initiés en agriculture et forage d'eau potable	4 Juin 2020
9	NEM/FJS	Prési-dent	2000	Autochtone	Écoles Centre de formation Orphelinat Centre de santé	C'est local	Le développeme nt holistique est encouragé et pratiqué	24 avril 2020

					Agriculture et élevage			
1 0	UEEE	Préside nt	1927	Européen (Suisse)	Plusieurs établissements privés (primaire et secondaire) Institut biblique 1 centre et 2 sous-centres de santé Œuvres sociales pour orphelins	Oui	Encourage l'implication de l'église dans le développe- ment	9 avril 2020
1 1	UEEF	Doyen faculté	1921	Américain	École vernaculaire École secondaire Centre de formation pastorale Centre de formation des infirmiers Faculté de théologie et 4 Instituts bibliques 36 dispensaires Centre d'animation 2 Hôpitaux Case de passage Centre d'hébergement 1 orphelinat	Oui	Les missionnaires ont jeté les bases seulement le problème de perception n'a pas permis la pérennisation	17 avril 2020

| 1 2 | UFEEB | Pasteur ancien | 1980 | Américain | 2 écoles primaires et 1 lycée

2 centres de formation et 2 centres de réhabilitation des aveugles
-
1 service de base de santé et plusieurs cases de santé | Oui | Formation en micro entreprise de plusieurs jeunes, regroupés en 7 micro entreprises. La crise a tout détruit | 24 avril 2020 |
| 1 3 | UECB | Préside nt | 1956 | Américain | Écoles

Case de passage

Centre d'animati on | Oui | Priorité à l'Évangile holistique | 13 mai 2020 |

Tableau synoptique

N°	Dénomi -nation	Écoles	Centre de formation	Univer- sité	Orpheli -nat	Dispen- saires	Hôpital	Centre d'ani- mation	Case de pas- sage	Centre d'héberge -ment	Autre s
1	AEBEC	Biblique s : Bandoro , Sibut Séminair e : Bambari	Bambari, Sibut, Kaga Bandoro, Bangassou	-	-	Kémbé, Bangass ou	Ippy	-	-	-	
2	CEAC	École primaire : Villa Arpin,	Collège biblique	-	Albert Burckha rdt	Cabinet dentaire, Centres de	-	-	-	Pk3, Station Bambari	

		Bobélé, Séondo, Yassaka, Samba, Camp de Roux, Bambari , Bakarou a				santé : Bambari , Samba, Bakarou a, Camp de Roux				
3	CEBI	École primaire	6 Instituts bibliques, 1 Faculté de théologie	-	-	4	1	-	-	-
4	CEEC/AI M	2 Écoles privées à Rafaï	École biblique Zémio	-	-	Clinique et maternit é à Rafaï		3 Zémio, Obo, Rafaï	aérod rome
5	ECEC	1 Carnot	1 Carnot	-	Batangaf o	2 Carnot et Sciplac	-	-	-	Carnot
6	EEB	Maternel le Primaire Professi onnelle	Bayanga	-	Doaka (Bouar)	7	Gam- boula		Plusieur s dans 8 stations	Occasionne llement
7	FEEF	Primaire Seconda ire Biblique	Menuiserie , Mécanique, Santé	-	-	Oui	-	-	Oui	-
8	LUTHÉR IEN	Plusieur s dans la NM	Formation théologiqu e à Baboua	-	-	Babou, Galo, etc.	-	Bouar	Bangui	Bouar
9	UCEB	Kaga Bandoro Bangui	-	-	-	-	-	Bria	Kaga Bandoro	-
10	UEEE	Plusieur s écoles primaire s et	Institut biblique	-	Œuvres sociales	2	1	-	-	-

		secondai res									
11	UEEF	École vernacul aire, Lycée Yaloké	Formation pastorale, Formation infirmerie	1 Faculté théologi e, 4 Instituts bibliques	1 Centre espoir et charité	36	2 : Yaloké et Boguila	Bangui	Bangui	Yaloké	
12	UFEB	2 Primaire s 1 Lycée	Bangui Sibut	-	-	Une dizaine dans le pays	-	-	-	-	
13	NEM/FJ S	3 écoles rurales	Centre de formation missionnai re		Oui	Soins santé primaire	-	-	Bangui	-	

CONCLUSION PARTIELLE

Si l'Église a ainsi pu contribuer dans le développement social autant qu'elle pouvait, elle n'a pas relevé le défi économique qui se pose avec acuité pour la population paysanne et citadine. Ce constat est général dans les activités de l'Église sur le continent. Alors que la population rurale est travailleuse, elle est plus malheureuse, parce qu'aucune initiative sérieuse d'investissement ou de plan de développement stratégique n'est envisagée par le pouvoir en place dépassé par les circonstances.

Si l'Église est une famille, il est de son ressort de refuser la victimisation, et d'entreprendre ce qui est en son pouvoir pour améliorer la condition d'existence de ses membres. Le développement socioéconomique est un droit intrinsèque et non aliénable. Il faut se départir de la vie par procuration et être investi de l'esprit de responsabilisation en ce temps critique.

La communauté de foi doit chercher à comprendre quel mécanisme opérationnel initier, quel système de développement envisager, quelle vision du royaume élaborer, quelle mission holistique se donner, quel changement de paradigme opérer, pour que l'approche de l'herméneutique de l'action anime le leadership ecclésial autochtone, et que le vécu contextuel du christianisme donne une autre lecture, et produit d'autres résultats que ce qui est constaté à ce jour.

Les motifs de la non-pérennisation des réalisations et des acquis légués par les missionnaires pionniers dans le social sont des justificatifs à analyser scrupuleusement. Le manque de vision holistique qui a fait échouer plusieurs projets après le relais, le manque de financement qui a empêché de continuer l'entretien et le développement des structures cédées. Ces deux raisons, loin d'être des alibis, sont toujours d'actualité. Il faudrait donc trouver des palliatifs à cette casuistique qui s'est généralisée, afin que le leadership local soit à la hauteur pour prendre ses responsabilités.

Nous notons pourtant avec amertume que moins de vingt pour cent de la population, que constituent les intellectuels dans nos pays, et qui sont pour la plupart des citadins, pensent résumer la vie et le développement à leur cercle virtuel. Cette mauvaise conception ou mieux ce cliché se voit aussi dans la philosophie stéréotypée de l'Église, qui ne se penche pas sur le sort de plus de quatre-vingt pour cent de la population, en majorité rurale, et qui mène une existence caricaturale à la limite de l'anormalité.

Concevoir autrement la vie et le développement, c'est avoir l'audace de se démarquer du modèle colonial inefficient, qui a toujours ses tentacules dans nos affaires intérieures, et d'être lucide dans une approche plus réaliste qui se préoccupe de la matrice communautaire ayant l'homme, le noyau dur, comme épicentre. L'Afrique n'a pas besoin de s'européaniser comme le conseillait un député européen. L'Afrique n'appartient pas à l'Occident.

En adoptant la stratégie du DEC dans le ministère, nous avons observé une nette transformation sociale dans les villages où évoluent nos assemblées. L'amélioration des conditions d'existence est synonyme de développement socioéconomique sur le plan local. Nous nous sommes donnés quelques années pour finir notre analyse et la soumettre à la plate-forme du corps de Christ. Les gens ont parfois besoin de voir pour croire.

Nous allons dans la seconde partie de cet ouvrage, avancer des hypothèses sous forme de proposition à l'intention du corps du Christ. Il faut différencier l'Évangile du salut de celui du royaume. Nous décrirons aussi notre vécu missionnaire parmi un peuple qui venait de loin mais qui, au bout de quelques décennies, a expérimenté une transformation réelle. Cela constituera pour nous le fer de lance de notre projet de développement économique communautaire dans les communautés de foi.

DEUXIÈME PARTIE : LE CHANGEMENT DE PARADIGME

Il est urgent de reconsidérer à la lumière du ministère de celui à qui on attribue l'existence du christianisme, les actions que l'Église peut mener pour impacter la société. Chaque problème a une solution, et les difficultés offrent et sont des opportunités. On doit comprendre que les difficultés ne riment nullement avec impossibilités. Le leadership ecclésial devait opérer un changement de paradigme, si l'Église ne veut pas faire partie de la lanterne rouge. L'utilité de l'Église se voit dans le souci de témoigner dans un monde en proie à toutes sortes de défis par la parole et aussi par des actes.

La dernière[166] crise qui a fortement secoué la nation centrafricaine tel un tsunami, l'a littéralement ébranlée dans ses fondements. Elle a non seulement mis à mal la cohésion harmonieuse du peuple, mais a montré les limites et les faiblesses du leadership de nos églises qui en sont les premières victimes.

---

[166] Il fait préciser qu'une nouvelle crise est venue rendre obsolète cette position qu'on qualifiait de dernière.

On reconnaît tout le travail de fond effectué par l'Église afin d'empêcher que le conflit militaro-politique ne dégénère en guerre interreligieuse. Les gens qui ont pris des armes ont agi en leur nom propre sans un mandat de leur religion. Le génocide a pu ainsi être évité de justesse. Ce succès sur le plan sociopolitique ne peut occulter les réalités d'un échec sans appel sur le plan socioéconomique.

Comment expliquer qu'un pays qui compte 80 % de chrétiens dont 52 % sont des protestants soit tombé si bas ? Pourquoi le départ des commerçants, pour la plupart venus du Nord, a été un désastre économique pour le pays et synonyme de crise humanitaire, d'insécurité alimentaire, de catastrophe sanitaire et de prolongement de conflits militaires ?

Le moment n'est-il pas venu de redéfinir l'évangélisation dans nos milieux? N'y a-t-il pas une différence entre le résumé de l'Évangile du salut longtemps prêché dans nos églises et l'Évangile du royaume tant mentionné dans la Bible ? En condensant le plan divin de rédemption de l'homme dans son programme triennal, Jésus a fait montre de considérations holistiques.

Une partie du monde a compris que le modèle de développement suivi et imposé aux pays pauvres n'a pas été concluant. Des pays développés aux organisations non gouvernementales, un nouveau concept de développement qui fait ses preuves est en train d'être encouragé depuis quelques décennies. Ne serait-il pas temps que l'Église puisse justifier sa présence voire son existence dans nos nations pauvres, en devenant un partenaire incontournable dans le développement intégral ?

C'est une bonne chose d'assurer le salut des âmes afin de leur garantir le ciel, mais il faudrait aussi travailler au mieux vivre de la population. La pauvreté est endémique en Afrique subsaharienne, elle ne doit pas seulement préoccuper les politiques et la société civile. Jésus a vécu la passion pour les pauvres et les démunis. Que dira-t-il à cette population qui gémit sans cesse et dont le paupérisme est gravissime ? Il est dit que le développement est le processus d'amélioration des conditions de vie des hommes. Un collègue africain a dit : « on a appris aux chrétiens comment aller au ciel, mais on ne leur a pas appris comment vivre sur la terre ».

Il faut revisiter l'approche – et pas forcément la méthode – de l'évangélisation en Afrique. Ce défi doit être relevé par l'Église en Afrique sans attendre une proposition de l'extérieur. De ce point de vue, nous nous fondons sur la vision de Néhémie qui avait réussi un exploit en cinquante-deux jours[167] alors que tous ces prédécesseurs avaient échoué à cause de multiples oppositions tant endogènes qu'exogènes. Son entreprise a réussi à cause de la mobilisation de toute la communauté. C'est nécessaire aujourd'hui pour tous nos projets de développement.

Nous nous souvenons des réflexions de Reto Gmünder dans la première partie de ce travail relatives au passage de Luc 4 :16-21. Il n'est plus question de vivre dans une utopie. Le royaume de Dieu doit être rendu visible, tout comme le Christ s'est incarné.

Nous essayerons dans cette partie de reconsidérer[168] en quoi devait consister l'évangélisation. Nous donnerons un

---

[167] Cf. Neh.6 :15 ; 2 :18.

[168] Dans le subconscient collectif de beaucoup de croyants centrafricains et dans l'imaginaire des missionnaires occidentaux, l'Église n'est pas encore mature en RCA, et l'encadrer à devenir prospère éloignera inéluctablement les croyants de Dieu. Nous l'avons entendu nous-mêmes de la bouche d'un ami missionnaire, qui tentait de dissuader des missionnaires gallois venus animer des séminaires à Bangui sur la mission et le développement économique.
L'Africain ne comprend pas que c'est une fausse sécurité que de s'établir dans la maison d'autrui. Nous devons refuser d'être responsable d'un christianisme en décomposition, où l'Église est pensée ailleurs par des gens qui ignorent tout de nos réalités socioculturelles.

exemple de l'Évangile qui transforme. Nous nous focaliserons par la suite sur la nouvelle lecture, que la société offre en face des nouveaux défis sociaux surtout en Occident. Nous verrons comment, dans le passé, le christianisme a été sur les lignes de front, et nous terminerons par le concept ABCD[169] en anglais ou DCBA en français qui est aujourd'hui privilégié parce que faisant ses preuves par plusieurs organismes chrétiens et des organisations de développement.

---

[169] Assets Based on Community Development ou Développement Communautaire Basé sur les Atouts (ou Acquis)

CHAPITRE 5 - ÉVANGILE DU ROYAUME

L'Évangile – du grec *Euangelion* – est par définition la Bonne Nouvelle. Dans la parabole du semeur racontée par Jésus dans les évangiles, le problème de la croissance des semences se posait uniquement avec la qualité du sol. Dans les réalités de nos jours, plusieurs facteurs seraient les causes hypothétiques de la problématique, du manque de résultat quant à l'annonce de l'Évangile. En plus des méthodes inefficaces, il y a le contenu édulcoré qui n'est pas pour déplaire au public ces derniers temps. Ajouter à cela, l'inadaptation du message dans une société qui a ses caractéristiques, ses marques et ses exigences. On observe dans le même lot, l'inadéquation des ambitions des hérauts quant à leur fonction cléricale.

Il y a des penseurs chrétiens qui sont sensibles et préoccupés par la situation, et ont émis des observations édifiantes. Dans son livre intitulé *L'Entraide dans l'Église* duquel nous tirons plusieurs citations, Pierre Zumbach nous édifie avec cet exemple :

> *Le message libérateur de Christ est ''pour toute la terre''. Mais il manque une dimension pour comprendre la vie de l'homme d'aujourd'hui. Et le prédicateur, le dimanche, oublie souvent la ''taille multiple'' de son assemblée. C'est un peu comme si notre marchand de vêtement voulait vendre à toute sa*

clientèle un habit de mesures identiques. Bien peu de clients seraient satisfaits de cette fantaisie ![170] .

L'expérience nous montre qu'en évangélisation, il n'y a pas qu'une méthode unique sur tous les fronts, dans tous les champs et en tout temps. L'exemple nous est donné par les quatre évangiles qui traitent d'un même sujet, mais abordé sous différents angles, selon les destinataires immédiats. Les sociétés évoluent, les cultures varient, les époques changent, la connaissance des langues anciennes et du monde augmente, les nouvelles techniques améliorées apparaissent, et les nouvelles découvertes archéologiques émerveillent. Tout cela est en rapport étroit avec l'herméneutique ou l'interprétation de la parole de Dieu qui contient les évangiles.

Nous avons dit que Jésus utilisait davantage les histoires pour enseigner le peuple peu lettré ou analphabète. Le monde postmoderne occidental n'est pas comparable à la société africaine qui, elle, excelle en plusieurs pesanteurs. La méthodologie andragogique diverge de la méthode pédagogique, car les facultés d'appréhension et cognitives des récepteurs ne sont pas les mêmes. Le rationalisme des uns ne peut être comparé aux idées prélogiques des autres.

Ainsi, le même message sera présenté différemment en fonction des paramètres que nous avons essayé d'argumenter dans les paragraphes qui précèdent. Pourquoi l'Évangile du salut ne produit pas tous les effets escomptés sur le continent ? Nous essayerons de voir la différence avec

---

[170] Op. cit., p.92.

l'Évangile du royaume, et comment résoudre l'équation. Le royaume de Dieu ou royaume des cieux est le règne futur de Dieu sur une nouvelle humanité, dans un monde nouveau. Cependant, l'avant-goût peut être testé ici-bas. Au demeurant, nous jugeons nécessaire de donner la définition du concept : « Évangile ».

1.1. DE LA DÉFINITION DE L'ÉVANGILE

Dans une approche étymologique et sans être exhaustif, le concept à huit lettres qu'est « Évangile » comporte de nombreuses définitions. Nous essayons ici d'en donner les principales :

En effet, selon le Nouveau Dictionnaire Biblique, le sens du mot grec *Euangelion* (en latin *Euangelium* et en français Évangile) a évolué. Il signifie la Bonne Nouvelle.

Pour Unger's Bible Dictionary, nous lisons : '' Gospel : Anglo Saxon, godspell, ''good story'' ou bonne histoire, Good news. Le grec ancien : un cadeau offert à celui qui a apporté une bonne nouvelle ou un sacrifice offert en action de grâce pour une telle bonne nouvelle, qui est arrivée. Grec moderne : la bonne nouvelle elle-même.

D'après le Concise Bible Dictionary, c'est ''Good news or glad tidings'' Bonne Nouvelle ou nouvelle réjouissante.

Vine's Expository Dictionary of the New Testament Words explique : ''À l'origine c'était la récompense pour une bonne nouvelle; plus tard l'idée de récompense a été retirée, et le mot signifie lui-même bonne nouvelle''.

La Déclaration de Lausanne 2010 (Cape Town) : l'Évangile est une bonne nouvelle. L'Évangile n'est pas un concept qui aurait besoin d'idées nouvelles, mais un récit qui a besoin d'être raconté à nouveau. C'est l'histoire immuable de ce que Dieu a fait pour sauver le monde, suprêmement dans les événements historiques de la vie, la mort, la résurrection et le règne de Jésus-Christ. Dans le Christ, il y a de l'espoir.

John R.W. Stott disait : ''l'Évangile est la bonne nouvelle de Dieu pour le monde. Ce n'est pas une invention humaine. Ce n'est pas une spéculation humaine. C'est une révélation divine. Si Dieu n'avait pas pris l'initiative de se faire connaître, il serait demeuré éternellement inconnu''[171].

Ainsi à la lumière de toutes ces définitions, sommes-nous en droit de dire que *l'Évangile est la Bonne Nouvelle (ou le Message) du Royaume de Dieu*. Mais qu'est-ce qui est aujourd'hui annoncé ?

Nous ne perdons pas de vue les erreurs du passé où la christianisation a remplacé l'évangélisation, engendrant des avatars dans l'histoire et sur le continent. Nous partageons les réflexions de Jacques Ellul qui dénonçait dans la *Subversion du christianisme*, le réflexe humain de la religion:

---

[171] John R.W. Stott (2001). *The Mission of an Evangelist.* BGEA, World Wide Publication, Minneapolis, p.55.

> *La religion tend à christianiser le monde, et les œuvres humaines, pour contourner le scandale de la croix, et établir le royaume de Dieu sur la terre plutôt que dans l'Église. C'est l'attitude des catholiques du Moyen-âge, qui christianisaient fêtes, hauts-lieux, et rois païens, instaurant un régime de chrétienté ; c'est l'attitude des protestants soixante-huitards qui christianisaient le marxisme, légitimant la Révolution et l'idée de progrès, espérant l'avènement sur terre de la Jérusalem céleste sous les traits d'une société idéale ; c'est l'attitude des évangéliques aujourd'hui, qui luttent pour moraliser la société, s'organisent en lobbies pour influencer les décisions politiques, défendent des « valeurs chrétiennes » qu'ils sont souvent bien en peine de s'appliquer à eux-mêmes, rêvant leur eschatologie dans les termes d'une citée rechristianisée...* [172].

Le christianisme a souffert de la chrétienté, ce qui n'avait pas lieu d'être. Des pays et des régions qui se considèrent chrétiens. Une Église qui se sert du pouvoir politique ou l'influence pour protéger ses intérêts ou promouvoir sa mission. C'est le modèle qui a longtemps dominé en Occident et la colonisation l'a exporté vers d'autres continents.

Voyons maintenant les approches de l'annonce du salut qui posent problème dans la non-transformation de nos sociétés et communautés[173]. Quel évangile a été prêché ?

---

[172] Cité par Stéphane Zehr, *Une théologie dans le monde*, p.138.

[173] Société au sens large ou voisins immédiats des communautés de foi.

1.2. ÉVANGILE DU SALUT

La pensée rationaliste et logique occidentale n'a pas de difficulté à comprendre les concepts abstraits. *A contrario*, l'Africain a besoin d'une représentation ou d'un symbole concret pour la compréhension des mots, des concepts ou des idées. C'est pour cette raison que l'approche andragogique est le plus souvent privilégiée dans les sociétés dites orales ou de tradition orale.

Les quatre lois spirituelles développées par Campus pour Christ[174] n'ont rien à se reprocher, puisqu'en quelques minutes, une âme peut être ''sauvée''. Cela a donné des résultats impressionnants dans certaines cultures. Seulement en Afrique où la méthode est aussi préconisée, elle ne fait pas de différence avec les autres méthodes[175] relatives à l'annonce de l'Évangile du salut[176].

Jésus avait pris du temps pour le processus de la reconversion des disciples. Il a commencé par le discipulat pour finir à leur conversion. Alors que, généralement, c'est

---

[174] Organisation chrétienne para-ecclésiastique œuvrant dans le monde entier et auteur du film Jésus de Nazareth responsable de plusieurs conversions.

[175] Plusieurs méthodes sont développées par différentes organisations chrétiennes. Nous avons parlé de Campus pour Christ. Il y a l'association de Billy Graham, les Navigateurs, Chaque Maison du monde, City Team, Opération Mobilisation, etc.

[176] Le salut est plus qu'un simple passeport ou un visa pour le ciel. Par contre il produit la transformation dans la vie de l'individu qui a dit Oui au seigneur Jésus. Il devient graduellement honnête, affectueux, libre, miséricordieux, vertueux, juste, relationnel et plein de bonnes œuvres. C'est toute sa vie qui est concernée.

le contraire dans la plupart des cas dans nos milieux ecclésiastiques.

En réduisant le message du salut aux seules portions du Nouveau Testament voire des évangiles, on occulte toute l'œuvre[177] de Dieu dans la rédemption qui va du livre de la Genèse à l'Apocalypse[178]. Ce salut rapide qui gonfle les chiffres des statistiques, satisfait ceux qui financent les campagnes d'évangélisation, mais il n'est que sur papier et produit des chrétiens nominaux.

S'il est vrai que le mot salut en hébreu et en grec selon C.I. Scofield[179] véhicule l'idée de délivrance, de sécurité, de protection, de guérison, de santé spirituelle, il y aurait donc un problème avec l'annonce de l'Évangile du salut qui ne transforme presque rien sur le continent. Paul parle pourtant de l'Évangile en termes de puissance pour le salut[180]. Celui qui est sauvé ou racheté du péché entre dans un processus de transformation[181] graduelle.

---

[177] Jacques Ellul rappelle que la création commence par un Jardin dans la Genèse et finit par une Ville dans l'Apocalypse.

[178] Jean Jaurès a écrit : la Bible fait bondir la tête et le cœur des hommes, tressaillir les collines. C'est le livre des sursauts, des images grandioses et tragiques, de grandes revendications sociales, des prophéties annonçant l'égalité fraternelle des hommes, amenant la disparition de la guerre entre les peuples, l'apaisement des nations irritées et de la nature elle-même, la réconciliation du lion et de l'agneau paissant au même pâturage, le désarmement des loups tranquillisés.

[179] Notes explicatives et Commentaires de C.I. Scofield : La Sainte Bible, Louis Segond, Nouvelle Édition de Genève, 1979.

[180] Cf. Rom 1 :16. Le mot puissance ou *dunamis* est le même en Act.1 :8.

[181] Une forme de métamorphose comme décrite en 2 Cor. 5 :17.

L'Évangile du salut conduit à l'entrée du royaume. Mais une fois né, l'enfant doit être bien nourri pour grandir. La repentance a des implications comportementales sociétales. Jean Baptiste déclarait aux publicains et aux soldats de ne pas commettre d'extorsion. Le salut place dorénavant toute la vie sous la seigneurie de Jésus. Les dimensions familiale, sociale, relationnelle, morale, politique et économique doivent manifester les valeurs du royaume.

L'inefficience de la parole de Dieu dans une société en déclin, malgré qu'elle soit prêchée dans la puissance de l'Esprit, est le résultat d'un message de salut tronqué qui a oublié le reste du message biblique. Landa Cope, dans son livre *Modèle pour la société*, a fait cette réflexion :

> *L'Évangile du salut ? Quel est le problème avec l'Évangile du salut ? Vous demandez-vous peut-être. La réponse est simple, il n'y en a pas ! Il n'y a rien de mal à l'aspect du salut de l'Évangile que nous prêchons aujourd'hui. Mais en tant qu'évangéliques, nous parlons du message de salut .... comme si l'expérience initiale du salut était le seul message. Jésus a enseigné que le seul chemin pour entrer dans le Royaume des cieux passe par lui-même, et il place sans cesse le message du salut dans le contexte plus large du royaume des cieux. Il n'a jamais fait référence à l'Évangile du salut. Il a enseigné l'Évangile du royaume, le salut et la vérité pour toutes les dimensions de la vie[182].*

---

[182] Landa Cope (2011). *Modèle pour les sociétés*, p.27.

Les communistes ont fait un verset de leur évangile, et l'apostrophe de Sébastien Faure est une offense de mauvais goût à l'endroit des chrétiens au dix-neuvième siècle : « laissez-nous la terre, nous vous laissons le ciel ». Et notre attitude tend à leur donner raison.

Exploitons la Bible à la recherche de la pensée de Dieu quant à l'Évangile du royaume des cieux. Nous n'ignorons pas que le concept Royaume de Dieu pose problème, et nous ne sous-estimons pas les positions millénaristes qui l'influencent.

1.3. ÉVANGILE DU ROYAUME

Remarquons que Jean Baptiste, Jésus et Pierre ont tous inauguré leur message d'annonce de l'Évangile par un appel à la repentance[183]. Les deux premiers donnent une précision sur le pourquoi de celle-ci : en vue du royaume qui est à portée. Dans le ministère itinérant de Jésus qui a duré

---

[183] Cf. Mat.3 :8 : ''Repentez-vous, car le royaume des cieux est proche.''

Cf. Mc 1 : 15 : ''Le temps est accompli, et le royaume de Dieu est proche. Repentez-vous, et croyez à la bonne nouvelle.

Cf. Act.2 :38 ''Repentez-vous''. (On peut aussi ajouter Luc dans Act.8 :12).

Nous avons des valeurs individuelles et sociales qui ne sont pas celles de Dieu. La repentance est le renversement fondamental de ces valeurs pour rentrer dans le projet de Dieu, dont l'économie est de rétablir des relations justes entre les hommes. Un combat difficile contre le mal et les injustices sociales.

trois ans et demi sur la terre, il parcourait villes et villages pour annoncer l'Évangile du royaume[184].

Nous ne sommes pas en train de dire que l'Évangile du salut est un autre évangile. Ce que nous déplorons, c'est la cristallisation sur le salut de l'âme (aspect spirituel) très important bien sûr, mais pas intégral pour l'homme qui est tridimensionnel comme nous l'avons vu dans l'anthropologie biblique. Ce salut incomplet impacte sur le vécu et le témoignage. Le salut conduit à pratiquer les bonnes œuvres que Dieu a préparées d'avance. Le message du royaume de Dieu est intégral.

Il est vrai qu'en demeurant dans ce corps, l'imperfection se manifestera jusqu'à notre mort ou à l'enlèvement. Des chrétiens charnels peuvent être en surnombre dans les milieux chrétiens comme dans l'Église de Corinthe – pourtant nantie de charismes. La prière du pécheur qu'on fait répéter à celui qui désire le salut, n'est pas une garantie sans une repentance sincère, synonyme d'une conversion authentique. La vie du royaume sera manifeste dans un tel individu.

Selon Landa Cope, « les vérités de l'Évangile du Royaume doivent nous transformer en nous enseignant

---

[184] Il inaugure son ministère par ce qui est connue sous le nom de Charte de son ministère ou le Manifeste de Nazareth en Luc 4 :16-19 : annonce de la bonne nouvelle, guérison des cœurs brisés, délivrance des captifs, recouvrement de la vue des aveugles, libération des opprimés, publication du jubilé. Quand Jean Baptiste envoie des messagers vers lui, il leur montre son cahier de charge : les boiteux marchent, les lépreux sont guéris, les aveugles voient, les sourds entendent, les morts ressuscitent, la bonne nouvelle est annoncée aux pauvres.

comment vivre chaque aspect de notre vie. Notre vie transformée sera ensuite le sel et la lumière pour notre famille, notre voisinage, notre communauté et finalement notre nation, les rendant plus agréables à vivre pour tout le monde[185] ». Plus loin elle continue :

> *Lorsque nous ne prêchons que le salut, nous omettons la majeure partie du message du royaume de Dieu. Le salut est essentiel. Il n'y a aucun autre chemin pour entrer dans le royaume de Dieu. Mais le salut est l'entrée dans le royaume, il n'est pas le but ni le royaume lui-même. En faisant de l'entrée le but, nous avons perdu la majeure partie du message de Dieu [...] C'est pourquoi nous sommes l'Église la plus nombreuse de l'histoire, et aussi la plus faible quand il s'agit d'influencer les vies, les communautés et les nations que nous avons atteintes[186].*

La première mission que les disciples devaient effectuer, au milieu des brebis perdues de la maison d'Israël, consistait à annoncer la bonne nouvelle du royaume, qui se traduit par le souci d'accompagner la parole par des actes : ''Allez, prêchez, et dites, le royaume des cieux est proche : guérissez les malades, ressuscitez les morts, purifiez les lépreux, chassez les démons[187]''. On voit en filigrane l'idée de santé (soins, hôpitaux), d'espérance (redonner la vie), de restauration (rétablissement, état d'équilibre), d'exorcisme (existence lucide). On pourrait spiritualiser ou prendre ce passage au sens figuré, cela ne diminue en rien que les actes

---

[185] *Modèles pour la société*, p.29.

[186] Ibid., p.172.

[187] Cf. Mat 10 :7-8.

sont attendus dans la communication de l'Évangile, pour qu'il soit véritablement la bonne nouvelle. Jésus n'avait pas peur de produire des 'chrétiens de riz'[188], même s'ils voulaient le faire roi[189] simplement après avoir mangé à satiété du pain multiplié miraculeusement.

On ne se pose pas assez de questions sur la montée en puissance de la criminalité dans les pays soi-disant développés[190], les enlèvements, les assassinats, les actes de terrorisme, les homicides, les infanticides, les parricides ou matricides, bref tout ce qui fait couler le sang. Et que dire des suicides en cascade parmi les hommes en tenue ou dans les entreprises[191] ? Les esprits méchants continuent d'utiliser

---

[188] Certains missionnaires auraient observé que certaines soi-disant conversions étaient en fait des feintes dans le seul but de profiter des aides alimentaires que les missionnaires donnaient à ceux qui se disaient chrétiens. Sans pour autant l'avoir cherché ou encouragé, ce phénomène n'est pas localisé seulement dans les églises, car les mahométans et les politiciens utilisent à dessein ce subterfuge pour se faire des ouailles. Créer des opportunités à partir des avantages sociaux.

[189] Cf. Jean 6 :14-15.

Le déni des réalités surnaturelle et mystique du christianisme qui ne cadrent pas avec le rationalisme et le cartésianisme occidental, était une échappatoire facile aux attaques orchestrées par les philosophes et humanistes de l'époque. Les opérations du Saint Esprit qui sont des mystères n'ont rien de démiurge spectaculaire moins encore de thaumaturge sensationnel puisque la Bible tout entière et la vie de Jésus s'inscrivent dans cette logique. Einstein le grand physicien disait : « ou rien n'est miracle ou tout est miracle ».

[190] Fernandez Laetitia disait : «Tout pays, aussi développé qu'il soit, sécrète des aberrations et la formation d'un vaste monde d'exclus, voire l'émergence des sociétés très inégalitaires ». *Des Tiers Monde*, p.6.

[191] Nous faisons allusion aux nombreux policiers suicidaires en France, et le phénomène inexplicable comme frénétique dans l'usine Renault en Hexagone.

les êtres humains pour commettre des forfaits. Ces actes visibles de méchanceté doivent nous interpeler. Nous devons comprendre qu'il y a des forces du mal dans le monde, des démons qui opèrent pour le royaume des ténèbres, défendant la cause du diable.

Avant d'embarquer les disciples dans cette aventure de la manifestation du royaume de Dieu, nous voyons les évangélistes mettre l'accent sur les actions de Jésus dont le ministère procurait le salut complet[192] aux nécessiteux :

- Jésus parcourait toute la Galilée, enseignant dans les synagogues, prêchant la bonne nouvelle du royaume, et guérissant toute maladie et toute infirmité parmi le peuple.

- Jésus parcourait toutes les villes et les villages, enseignant dans les synagogues, prêchant la bonne nouvelle du royaume, et guérissant toute maladie et toute infirmité.

- Cette bonne nouvelle du royaume sera prêchée dans le monde entier, pour servir de témoignage à toutes les nations. Alors viendra la fin.

On pourrait ajouter des passages des autres livres historiques[193] du Nouveau Testament qui disent tous la même chose concernant l'Évangile qui doit être prêché, celui du royaume de Dieu. Le thème du royaume était très cher à

---

[192] Cf.Mat.4 :23 ; 9 :35 ; 24 :14.

[193] Lire Lc 4 :43 ; 8 :1 ; Act. 10 :38.

Jésus, car il a passé quarante jours sur la terre après sa mort, s'entretenant avec ses disciples sur le sujet[194]. Pour sa part, l'apôtre Paul a passé trois mois à Éphèse parlant dans les lieux de culte du royaume de Dieu. Pourquoi a-t-on peur aujourd'hui de disserter sur l'Évangile du royaume[195] ?

Cet évangile du royaume qui renferme des actes et des paroles, quelques-uns l'ont compris, et se donnent tant de peine pour que l'Ecclésia s'en approprie la pertinence et en propage. De ce nombre, nous citons Craig Blomberg qui disserte dans son livre *Ne nous donne ni pauvreté ni richesse* :

> *Selon l'enseignement de Jésus, la bonne nouvelle de l'Évangile a toujours une approche globale de l'être humain. Des ressources matérielles sans salut spirituel n'auraient pas de sens. Mais la libération que Dieu accorde en Christ inclut régulièrement une dimension physique ou matérielle. Pour que le peuple de Dieu puisse obéir de manière cohérente à tous ses commandements, il faut que la communauté chrétienne mondiale, ainsi que chacune de ses expressions locales, se saisissent de plus en plus de la vision du partage des ressources avec les pauvres qui sont en son sein. [...]*

---

[194] Cf. Act 1 :3 ; 19 :8.

[195] La nuit du 24 au 25 décembre 2002, l'Église s'est rendue dans le camp des lépreux au PK 24 sur la route de Damara en RCA. Après avoir chanté les cantiques et partagé l'Évangile du royaume, les chrétiens ont prié pour tous les lépreux quelle que soit la gravité de leur situation. Une semaine plus tard, une visite au centre a révélé que tous les malades étaient guéris.

Les missionnaires Moraves, pour leur part, incarnaient la parole en s'identifiant aux lépreux, aux esclaves, aux pécheurs. C'est ainsi qu'ils ont eu accès aux personnes en quarantaine et leur ont annoncé la bonne nouvelle du royaume.

> *Jésus, ses disciples et le peuple auquel ils se mêlent couvrent toute la gamme des conditions socioéconomiques de l'époque. Néanmoins, le ministère et l'enseignement de Jésus insistaient particulièrement sur l'aide à apporter aux exclus et aux pauvres de son temps[196].*

Essayons de voir là où le bât blesse, quand on sait que le dilemme peut être dépassé et l'équation résolue sans peine.

1.4. ÉLUCIDER LE DILEMME DU SALUT

Nous croyons que la problématique réside dans la conception du Royaume de Dieu. Ce dernier fait partie des thèmes à problème qui occasionnent des désaccords entre les chrétiens de par le monde. L'enseignement sur le royaume de Dieu est très peu donné dans nos églises en Afrique, qui à cause de sa complexité, qui à cause de sa méconnaissance[197]. Nous n'allons pas revenir sur la grande parenthèse liminaire de cet ouvrage. On dira simplement que le royaume est l'endroit où règne un roi. Ce dernier domine sur des sujets qui lui sont acquis et totalement soumis. Le

---

[196] Cité par Jacques Blandenier, p.59.

[197] En plus de ce qui est avancé ici, n'oublions pas que l'Afrique a reçu l'Évangile des missionnaires issus des dénominations qui avaient leur théologie sur le royaume et le millénium. Les positions doctrinales des églises autochtones sont donc tributaires de la dénomination mère : prémillénaristes, amillénaristes, postmillénaristes. Ainsi comprenez-vous la difficulté d'approche des églises africaines.

royaume est régi par des lois[198]. Dieu règne dans son royaume.

Jésus demande à ses disciples de prier, afin que la volonté de son Père, qui est notre Dieu, soit faite sur la terre comme elle l'est dans les cieux. En réalité, deux royaumes[199] coexistent sur cette terre de manière conflictuelle. La plénitude du royaume reste à venir, mais nous sommes dans ce que les théologiens appellent ''le déjà - pas encore'', c'est-à-dire que le royaume va venir mais il est déjà là.

Le diable a établi des forteresses territoriales et géographiques, y rassemblant les derniers peuples à atteindre à l'intérieur de leurs périmètres. Il y a aussi des forteresses dans les pensées, les cœurs des hommes pour les empêcher de revenir vers leur créateur. Le travail de l'Évangile du royaume, c'est de détruire ces forteresses de mensonges[200]. Il n'y a ni consensus, ni compromis avec l'ennemi du salut des âmes. C'est une confrontation ouverte, parfois sournoise, tantôt insidieuse. C'est pour cela que le

---

[198] Jésus est le Roi. Les sujets sont les enfants de foi. La Bible contient les lois.

[199] Le royaume de Dieu – royaume de lumière – et le royaume de Satan – royaume des ténèbres.

[200] Cf. 2 Cor 10 :4-5 : ''Car les armes avec lesquelles nous combattons ne sont pas charnelles ; mais elles sont puissantes, par la vertu de Dieu, pour renverser des forteresses. Nous renversons les raisonnements et toute hauteur qui s'élève contre la connaissance de Dieu, et nous amenons toute pensée captive à l'obéissance de Christ''.

royaume de Dieu est manifeste. C'était l'approche de Paul dans sa prédication[201].

L'Église primitive a thésaurisé les enseignements de Jésus au-delà des aspects spirituels. Elle nous a légués de riches héritages. On s'en aperçoit dans leur pratique de prendre à bras le corps, l'implémentation de la vie dans le royaume dans leur pratique quotidienne. En témoigne ces quelques écrits patristiques – périodes apostolique et postapostolique – que nous allons visiter. Denys de Corinthe a écrit aux chrétiens de Rome au début du second siècle :

> *Depuis le commencement, il est d'usage chez vous de faire en diverses manières du bien à tous les frères et d'envoyer des secours dans chaque ville à de nombreuses églises ; vous soulagez ainsi le dénuement des pauvres, vous soutenez les frères qui sont aux travaux forcés, par les ressources que vous envoyez dès le début[202].*

Voyons celui qui est attribué à Tertullien dans *Apologétique.* Cet avocat de Carthage est connu par son fameux dire ''le sang des martyrs est la semence de l'Église''. À propos de la solidarité au moment d'un réveil survenu lors d'une persécution, il écrit :

---

[201] Cf. 1 Cor 4 :20 : ''Car le royaume de Dieu ne consiste pas en paroles, mais en puissance''.

1 Cor 2 :4 :'' Et ma parole et ma prédication ne reposaient pas sur les discours persuasifs de la sagesse, mais sur une démonstration d'Esprit et de puissance''.

[202] Cité par Jacques Blandenier, p. 92.

> *Chacun verse une contribution modique, à un jour fixé par mois ou quand il le veut bien et s'il le peut. Car personne n'est forcé, on verse librement son offrande, (ils ne sont pas utilisés pour manger et boire lors des festivités). On récolte des fonds pour nourrir et ensevelir les pauvres, pour secourir les orphelins, et les serviteurs devenus âgés (cloués chez eux), ainsi que tous ceux qui ont tout perdu dans un naufrage. Également pour les chrétiens qui sont en prison ou aux travaux forcés ou qui sont bannis à cause de leur foi. (les gens disent : Voyez comme il s'aiment ...) Ainsi donc, étroitement unis par l'esprit et par l'âme, nous n'hésitons pas à partager nos biens avec les autres. Tout sert à l'usage commun parmi nous, excepté nos épouses. [...] Notre repas fait voir sa raison par son nom : on l'appelle d'un terme qui signifie « amour » chez les Grecs (agape). Quelles que soient les dépenses qu'il coûte, c'est profit d'en faire des dépenses pour une raison de piété ; en effet, c'est un moyen par lequel nous aidons les pauvres [...] parce que devant Dieu, les humbles jouissent d'une considération plus grande[203].*

L'intérêt d'un tel écrit est qu'il n'est pas isolé dans le temps et le contexte, en témoigne celui-ci attribué à Irénée dans *Contre les hérésies* :

> *Au lieu des dîmes que recommandait la Loi, le Seigneur a demandé de partager tout ce que nous avions avec les pauvres [...] Ceux qui ont reçu la liberté mirent de côté tous leurs biens pour les besoins du Seigneur, donnant avec joie et librement, et non pas seulement de leurs biens de moindre valeur[204].*

Selon une lettre de l'épiscope Corneille à ses collègues d'Asie mineure en l'an 251, on voit que l'action

---

[203] Cité par Jacques Blandenier, p.93. (Les italiques sont nôtres. Complément provenant de la citation de Tim Chester, *La responsabilité du chrétien face à la pauvreté*, p.12).

[204] Tim Chester, pp. 12-13.

sociale de l'Église de Rome s'organisa en sept districts avec sept diacres et sept sous-diacres, pour prendre en charge trois mille personnes sans ressources, veuves et orphelins, vieillards, malades, estropiés...[205]

Les évangiles exhortent d'investir dans un trésor céleste où la rouille et les voleurs ne peuvent avoir accès, ni altérer les valeurs. L'époque de ''faire de l'économie'', qui originellement signifiait ''faire de l'épargne'' et qui caractérisait les Protestants, est révolue et remplacée par l'époque de la consommation et de l'opulence. Les Protestants n'ont pas été renouvelés dans leur pensée, mais ils s'accommodent du siècle présent. Une partie d'entre eux vivent grâce au crédit, ce qui hypothèque leur avenir. Pour d'autres, c'est de leur épargne sans aucun ratio avec la cause du Seigneur.

Nous notons que l'écrit épistolaire de l'apôtre Jacques – le frère du Seigneur et l'un des anciens dans l'Église de Jérusalem – dont l'orientation discursive est d'une praticabilité assommante et incontestée, qui semble tirer à boulets rouges sur les riches de ce monde. De ce fait, il serait dénué de fondement aujourd'hui, quoiqu'il ait trouvé écho parmi les chrétiens primitifs. Basile le Grand écrivait ainsi au IVe siècle[206] :

> *Le pain que vous gardez appartient à ceux qui ont*
> *faim ; le manteau que vous conservez dans votre garde-*

---

[205] Jacques Blandenier, Op. cit., p. 92.

[206] On estime qu'il y avait environ cinq millions de chrétiens dans l'empire romain, soit 8% de la population. Chaque génération voyait s'ajouter environ un demi-million de nouveaux membres.

> *robe, à ceux qui marchent pieds nus ; l'or que vous avez
> enterré pour le cacher aux nécessiteux. C'est pourquoi
> chaque fois que vous avez été capables d'aider les
> autres et que vous avez refusé de le faire, vous leur avez
> causé du tort[207].*

Pour sa part, Justin Martyr, dans l'*Apologie* adressée à l'Empereur Romain vers l'an 151, tentait d'expliquer ce qu'on considérait alors comme conduite subversive relative à la pratique chrétienne :

> *Ceux qui ont du bien viennent en aide à tous ceux qui
> sont dans le besoin, et nous nous prêtons mutuellement
> assistance. Ceux qui peuvent faire le bien, et le veulent
> bien, donnent ce qu'ils estiment bon ; ce qui est collecté
> est remis au président, qui porte assistance aux
> orphelins et aux veuves, ainsi qu'à tous ceux qui sont
> dans le besoin du fait d'une maladie ou d'un autre
> problème, à ceux qui sont en prison, et aux étrangers
> séjournant au milieu de nous, et en un mot prend soin
> de tous ceux qui sont dans le besoin [...].*
>
> *Quant à nous, nous avons appris qu'exposer des
> nouveau-nés est le fait d'hommes méchants ; et si nous
> avons été enseignés ainsi, c'est pour que nous ne
> fassions de mal à personne afin de ne pas pécher contre
> Dieu [...].*
>
> *Vous collectez même des impôts, des droits et des taxes
> d'eux (des prostitués) que vous dites vouloir exterminer
> de votre monde civilisé... Vous nous accusez à tort de
> ces actes que vous commettez ouvertement et traitez
> avec honneur [...].*

---

[207] Tim Chester, Op. cit., p.13.

De tous les hommes, nous sommes en fait vos meilleurs assistants et alliés pour maintenir le bon ordre [...].

Nous avons coutume de considérer l'acquisition des richesses et des biens comme la priorité suprême, mais désormais, nous apportons ce que nous avons pour le mettre en commun et le partager avec tous ceux qui sont dans le besoin. Nous avions l'habitude de nous haïr et de nous détruire et nous étions racistes. Mais à présent, depuis la venue de Christ, nous vivons dans l'harmonie avec ceux des autres races et prions pour nos ennemis[208].

Pour sa part, Clément d'Alexandrie, dans cet aphorisme, nous inspire davantage sur des termes dont les connotations devaient nous interpeler : « Les biens s'appellent des biens parce qu'ils font du bien, et Dieu les a mis à notre disposition pour le bien de l'humanité[209] ».

Le moine et Évêque Basile de Césarée (330-379), héritier d'une riche famille de l'aristocratie, s'est rendu pauvre en vendant tous ses biens lors d'une famine sévère pour venir en aide à la population de Césarée. On lui doit les premiers hôpitaux gratuits. À l'instar de Jacques dans son épître, il a prêché ce thème dans *Discours contre les mauvais riches* :

Quel tort fais-je, direz-vous, de garder ce qui est à moi ? Comment à vous ? C'est comme si quelqu'un, s'étant emparé d'une place dans les spectacles publics, voulait empêcher les autres d'entrer et jouir seul d'un

---

[208] Tim Chester, Op. cit., pp.13-15. (L'italique est de nous provenant d'un complément fourni par Jacques Blandenier, p.92).

[209] Ibid., p. 24.

plaisir qui doit être commun. Tels sont les riches. Des biens qui sont communs, ils les regardent comme leur étant propres, parce qu'ils s'en sont emparés les premiers. Si chacun après avoir pris sur ses richesses de quoi satisfaire ses besoins personnels, abandonnait son superflu à celui qui manque du nécessaire, il n'y aurait ni pauvre, ni riche. Vous qui engloutissez tout dans le gouffre d'une avidité jamais satisfaite, croyez-vous ne faire de tort à personne, lorsque vous privez du nécessaire tant de misérables ? N'es-tu pas un voleur public, toi qui t'appropries pour toi seul les biens que tu as reçus pour pouvoir les donner aux autres ? On appelle brigand celui qui dépouille les voyageurs habillés. Mais celui qui ne revêt pas l'indigent nu, mérite-t-il un autre nom ? Le pain que vous enfermez est à celui qui a faim ; l'habit que vous tenez dans vos coffres est à celui qui est nu ; l'or que vous mettez en sécurité est à celui qui en a besoin. Ainsi vous faites tort à tous ceux dont vous pouvez soulager l'indigence. Que ne puis-je mettre sous vos nez toute la misère du pauvre, afin que vous sentiez de quels gémissements et de quelles larmes vous composez votre trésor ! [210]

Dans la même période, le plus célèbre des prédicateurs de l'Antiquité chrétienne, Jean Chrysostome (345-407), dans sa onzième homélie sur l'épître aux Hébreux, prêchera en ces termes :

> N'y a-t-il de pauvres que parmi les paresseux ? Ne peut-on pas tomber dans l'indigence suite à un naufrage, à un procès perdu injustement, à une faillite ? [...] Pouvez-vous sans rougir traiter le pauvre d'imposteur ? [...] N'oubliez pas qu'il est comme vous libre, noble, et que ses droits sont les mêmes que les vôtres. Hélas, souvent vous le traitez moins honorablement que vos

---

[210] Cité par Jacques Blandenier, p. 99.

chiens, qui ont tout en abondance, alors que le pauvre s'endort souvent avec la faim. […] Si vous méprisez ce pauvre dans le besoin, comment Dieu peut-il vous faire grâce alors que vous l'outragez ? […] O cruauté ! O inhumanité ![211].

Il dira encore dans une autre prédication : « savez-vous pourquoi les païens refusent de nous croire ? C'est parce qu'ils nous demandent de prouver notre doctrine par des actes, non des paroles. Et quand ils nous voient élever des palais magnifiques, des bains, des jardins, etc., ils ne veulent pas croire que la vie terrestre n'est pour nous qu'une préparation à la vie éternelle[212] ».

Quittons l'Asie mineure pour nous rendre en Occident. Ambroise, Évêque de Milan (337-397), s'inscrira dans la même dynamique que ses pairs précités :

> *Jusqu'où, riches, étendez-vous vos folles envies ? Seriez-vous seuls à habiter sur la terre ? Pourquoi rejetez-vous celui qui partage votre nature et revendiquez-vous la possession de cette nature ? La terre a été établie en commun pour tous, riches et pauvres ; pourquoi vous arrogez-vous à vous seuls, riches, le droit de propriété ? La nature ne connaît pas les riches, elle qui nous enfante tous pauvres. [...] La terre nous a mis au jour nus, démunis de nourriture, de vêtement, de boisson : la terre reçoit nus ceux qu'elle a enfanté, elle ne sait enfermer dans un tombeau les limites de propriétés[213].*

---

[211] Op. cit., p.100.

[212] Idem.

[213] Op. cit., p.100.

Le témoignage chrétien des temps patristiques a révolté ses adversaires au point où ils reconnaissent la magnanimité du vécu des élus du royaume. En témoigne cet écrit du philosophe, l'empereur Julien l'Apostat, qui tenait à ramener le culte païen dans l'empire romain. En des termes pathétiques, il s'adresse aux prêtres païens :

> *Nous (païens) avons oublié ce que la religion chrétienne a principalement revendiqué, à savoir la philanthropie envers l'étranger, l'inlassable sollicitude d'un sépulcre pour les morts, et le sérieux de la vie morale [...]. C'est une honte (pour nous païens) que parmi les Juifs personne ne mendie, et que les Galiléens impies (les chrétiens) nourrissent non seulement leurs pauvres mais aussi les nôtres[214].*

Et Lucullus, un autre auteur païen, rend aussi témoignage à l'esprit d'entraide chrétienne : « regardez comme ils s'aiment[215] ».

Il est insinué que le royaume parfait se manifestera dans les derniers jours au retour de Jésus, mais l'Évangile apporterait l'avant-goût sur cette terre. Le salut affecterait la vie de l'homme qui expérimente des choses qui lui étaient inconnues. Lorsqu'on passe des ténèbres à la lumière il n'y a pas de doute. La prédication du royaume de Dieu contient toute la force de la rédemption de l'humanité et de son environnement[216]. Plus proche de nous, d'autres héros :

---

[214] Ibid., p. 95.

[215] Cité par Pierre Zumbach, p. 58.

[216] Étienne Atger, p. 38.

- William Carey, le cordonnier britannique qui était parti sans soutien en Inde parce qu'il brûlait de désir de voir les âmes sauvées, a été un instrument unique dont Dieu s'est servi pour la transformation des sociétés en Inde. Considéré comme le père de la mission moderne, il a été à l'initiative de plusieurs œuvres telles la traduction du Nouveau Testament en neuf langues autochtones, la révolution agricole, des travaux en botanique, et il a réussi à abolir la tradition qui consistait à incinérer la veuve avec son mari.

- Hudson Taylor, fondateur de la Mission à l'Intérieur de la Chine, a amené la lumière de Dieu dans l'Empire du milieu et a transformé une pratique odieuse qui faisait souffrir les filles, car, pensait-on, la beauté se trouvait dans les pieds minuscules. Des traitements de torture étaient pratiqués sur les pauvres filles pour maintenir leurs pieds tout petits. Ce cauchemar a été banni grâce à la contribution du missionnaire.

- Sur une petite île du Lac Victoria nommé Osanidé, se trouve un orphelinat avec des centaines de jeunes filles. Ce camp est une initiative de l'évangéliste Drake Kanabo de l'Ouganda. Aucune fille ne grandissait dans ce coin car, disaient les familles, les filles sont inutiles. On vendait toutes les petites filles aux étrangers. Drake a révolutionné la vie de l'île en installant l'orphelinat et de jolies créatures de Dieu y survivent, rayonnantes et pleines d'avenir.

Dans une étude menée par Amartya Sen, prix Nobel d'économie en 1998 – que nous paraphrasons –, il a démontré qu'il y a un rapport de cause à effet entre droit de l'homme et pauvreté. Le droit de l'homme est essentiel dans le développement social, et ne serait pas un luxe réservé aux riches. Le refus d'accès à certains droits est cause de famine et pas le manque de nourriture. William Carey, Hudson Taylor, Drake Kanabo l'ont prouvé.

L'un des caractères incontestables de Jésus dans son ministère était la compassion. Lévi, l'un des apôtres, l'a remarqué, lui qui était plutôt financier. La compassion ne peut laisser personne indifférente. Elle était le leitmotiv ou le dénominateur commun des actions de Jésus. Ému de compassion, il devait à chaque fois traduire son évangile en actes[217]. L'Évangile doit être prêché avec éloquence – en verbe mais bien plus en acte. La hardiesse devait être la caractéristique de l'élégance de l'Évangile qui parfois doit être prêché à contre-courant.

Au Ve siècle, il y avait une pratique qui serait découragée de nos jours, et qui consistait aux visites régulières des diacres, dans des endroits de vices et de misère (on parlerait des auberges) à la recherche des pauvres, des infirmes, des malades abandonnés, et s'ils s'y trouvaient, que des familles aisées dans l'Église les accueillent.

Dans son livre *Que ferait Jésus à ma place ?* – lequel est désormais à l'écran – Ch. M. Sheldon décrit une histoire qui a révolutionné la vie d'une communauté chrétienne,

---

[217] Mat.9 :36-37 ; 14 :14 ; 15 :32 ; 20 :34.

laquelle a compris que la place des membres était dans la société et non calfeutrés entre quatre murs. Ceux-ci ont au moins eu le mérite de laisser parler leur conscience, prise de remord pour leur indifférence et leur égocentrisme. Ils ont pris la décision de vivre comme Jésus, et devant des situations de se poser à chaque fois la question Que Ferait Jésus à Ma Place !

Charles Dickens[218], dans son livre satirique *Bleak House*, s'attaque aux chrétiens qui n'agissent pas comme l'aurait voulu l'Évangile en face d'un environnement de pauvreté. Le jeune Jo est mort au bord de la route parce que négligé par une société insensible : « Il est mort, votre Majesté. Il est mort, mes seigneurs et jeunes-hommes. Il est mort, bons et mauvais Révérends de tout ordre. Il est mort, messieurs et mesdames qui tous avez la compassion céleste dans votre cœur. Et mourant, autour de nous chaque jour » (La traduction est notre).

Nous sommes interpellés et en même temps confortés dans notre conviction, tout comme F. Lovsky[219], qui a publié un livre qui ressemble plutôt à un recueil intitulé *L'Église et les malades depuis le 2ⁿᵈ siècle jusqu'au 20ᵉᵐᵉ*. Contrairement aux idées reçues sur le déni des actes du paraclet après le Vᵉ siècle, Lovsky rapporte les manifestations du royaume de Dieu, lesquelles devenaient même des thématiques d'apologétique. Il ressort de son écrit la publication des lettres des pères de l'Église, et mieux

---

[218] Charles Dickens, *Bleak House*, p. 647.

[219] Lovsky F. (1958). *L'Église et les malades, depuis le IIᵉ siècle jusqu'au début du XXᵉ siècle*. Éd. du Portail.

encore une œuvre scientifique produite par Miss Evelyn Frost[220] à l'attention de l'Église Anglicane qui avait demandé cette étude.

Nous rapportons ici quelques écrits patristiques traduits et publiés par *Sources Chrétiennes* et qui sont accessibles aux curieux ou à tous ceux qui s'intéressent aux recherches :

Eusèbe de Césarée, faisant allusion à l'ouvrage de l'apologiste Quadratus à l'empereur Hadrien, écrit :

> ... *œuvres de notre Sauveur [...] toujours présentes car elles étaient véritables. Ceux qu'il a guéris, ceux qui ont été ressuscités des morts n'ont pas été vus seulement au moment où ils étaient guéris et ressuscités, mais encore constamment présents ; et cela, non seulement pendant que le Sauveur vivait ici-bas, mais encore après sa mort. Ils ont été là pendant un long temps, de sorte que quelques-uns d'entre eux sont mêmes arrivés jusqu'à nos temps[221].*

Pour sa part, Justin Martyr tirera de la discussion avec Rabi Tryphon cette argumentation :

> *Notre Seigneur Jésus [...] et venu détruire les œuvres du diable comme vous pouvez le reconnaître vous-mêmes par ce qui se passe sous vos yeux, car plusieurs personnes tourmentées de malins esprits en toutes*

---

[220] Miss Evelyn Frost (1940). *Christian Healing,* Mowbray Éd. Oxford et Londres, 376 p. Étude du rôle de la guérison spirituelle dans l'Église d'aujourd'hui, à la lumière de la doctrine et de la pratique de l'Église d'avant le Concile de Nicée.

[221] Histoire ecclésiastique, IV, 3, 1, traduction de G. Bardy, *Sources chrétiennes,* n° 31. Éd. Du Cerf. Cité par Lovsky, p.11.

> *sortes de lieux et même en cette ville (il s'agit de Rome) [...] des gens que tous vos enchanteurs n'avaient pu guérir, ont été délivrés par nous chrétiens au moyen du nom de Jésus, crucifié sous Ponce Pilate. De pareilles guérisons se font encore maintenant et les malins esprits sortent des possédés[222].*

En outre, Irénée de Lyon, cité par Eusèbe de Césarée, aurait dit :

> *C'est aussi en son nom (de fils de Dieu) que ses véritables disciples ayant reçu de lui la grâce, en usent avec bienfaisance pour les autres hommes selon le don que chacun a reçu de lui. Les uns en effet chassent des démons avec fermeté et en vérité, de telle sorte que souvent ceux-là mêmes qui ont été purifiés des esprits mauvais, croient et demeurent dans l'Église. [...] D'autres guérissent les malades par l'imposition des mains et les rendent bien portants ; maintenant même, comme nous l'avons dit, des morts ont été ressuscités et sont demeurées avec nous bon nombre d'années. Et quoi donc ? Il n'est pas possible de dire le nombre des charismes que, dans le monde entier, l'Église reçoit de Dieu, au nom de Jésus-Christ [...] et dont elle use tous les jours pour faire du bien aux gentils, ne trompant personne, ne réclamant pas d'argent, comme elle a reçu gratuitement de la part de Dieu, elle distribue gratuitement [223].*

Lors du réveil calviniste en nouvelle Angleterre (de 1734 à 1741), Jonathan Edwards aurait écrit : « d'ordinaire,

---

[222] Justin, IIe apologie, VI, Op. cit., p.12.

[223] Contre les Hérésies, II, 32, 4 ; traduction de G. Bardy dans citation d'Irénée par Eusèbe de Césarée. Histoires Ecclésiastiques, V, 7, 3-4, *Sources Chrétiennes* n° 31. Éd. Du Cerf, p.13.

on placarde chaque dimanche plusieurs affiches indiquant les personnes malades, mais à cette époque-là nous n'en avons pas eu une seule... ». C'était donc une pratique bien connue que les personnes dans le besoin s'inscrivaient pour recevoir des prières. Des sources égyptiennes parlent des Eucologes en usage dans leur pratique liturgique.

William Booth a créé l'Armée du Salut parce qu'il croyait que l'Évangile doit apporter la transformation dans la vie entière de la personne. Il croyait aussi que c'est insensé de négliger les autres aspects de la vie. Le mandat de l'Évangile, dit-il, n'est pas seulement de racheter des vies mais des cultures, des systèmes sociopolitiques et économiques, et partout où la méchanceté et l'injustice règnent[224].

Dans cet ordre d'idée, se trouve aussi l'interpellation d'un professeur africain qui a écrit ceci :

> *Une nouvelle évangélisation doit voir le jour en Afrique. L'on doit absolument se départir d'une évangélisation préoccupée d'exporter et de transplanter telle quelle une 'Église' sous d'autres cieux, celle qui se contente seulement de bonnes idées et de bonnes paroles dissociant, dans la recherche de l'identité chrétienne, l'expérience spirituelle et la présence des hommes de ce temps. Le nouveau millénaire apporte de nouvelles questions. La tâche de l'évangélisation doit être poursuivie en prenant en compte les nouvelles questions[225].*

---

[224] Phil Will, *I'll fight Holiness at War*, p. 31.

[225] Léonard Santedi Kinkupu, p.10.

Les sociétés sont le carrefour des cultures, explorons donc comment l'Évangile peut impacter les vies. On ne peut jeter le bébé avec l'eau sale. Les dégâts de certains mouvements comme « The Kingdom now » obligent certains leaders à rejeter l'actualité du royaume de Dieu, préférant parler du royaume spirituel pour l'âge de l'Église, et du royaume factuel pour Israël, quand Jésus viendra rétablir toute chose. Nous avons souligné plusieurs fois que les perspectives théologiques varient selon les positions des millénaristes. Nous croyons humblement que le royaume de Dieu est en marche, et ceux qui ont soif le vivent maintenant, il n'est pas virtuel. Andrew Kirk, dans son livre *What Is Mission*, écrit :

> *L'Église est appelée à la tâche risquée d'être une interprétation vivante de ce royaume. Sinon, le royaume ne sera qu'un simple slogan, une idéologie ou un programme humain pour l'amélioration de la société. Dans sa prédication et son enseignement, l'Église est un avocat du royaume ; dans sa vie et son culte, elle est un émissaire du Royaume ; dans son action pour la réconciliation, la paix et la justice, elle est un instrument de réconciliation[226].*

Plus proche de nous, Pierre Zumbach, un avocat convaincu du vingtième siècle de l'entraide chrétienne, fait un plaidoyer lucide dans l'introduction de son livre, véritable défi pour l'Église :

> *Tout l'Évangile nous montre que l'exercice de la charité est le témoignage vivant de l'amour du Christ, inséparable de notre piété. Nous devons attester aux*

---

[226] Cité par Evert Van de Polt, p. 30.

> *yeux du monde que nos biens matériels ne nous appartiennent pas en propre, mais sont des prêts d'honneur pour lesquels nous aurons à rendre compte, et que nous devons mettre au service du prochain[227].*

Plus loin, il continue :

> *Pour qu'il ne subsiste pas sur la terre que mort et grincement de dents, ceux qui portent la grande vérité doivent œuvrer avec puissance. L'Église sait [...] mais qu'attend-elle pour parler ? Et parler « avec les mains » avant tout. Nous devons apprendre à être de bons administrateurs des choses de Dieu sur la terre ; nous devons appeler et grouper des hommes autour de notre seul Chef. Chacun doit recevoir une tâche bien définie[228].*

Faudrait-il rappeler pour clore ce point que les catéchumènes en plus de répondre aux questions dogmatiques, devaient aussi faire face aux questions d'éthique : « As-tu honoré la veuve, visité les malades, pratiqué des œuvres de charité pour les démunis ? » On s'attendait donc que celui qui professe Christ, avant de s'identifier à sa mort par les eaux du baptême, prouve par des actes pratiques qu'il comprend dans quoi il s'embarque. Ne sommes-nous pas défiés par leur vie ? Et ne comprenons-nous pas la grande différence avec nos pratiques d'aujourd'hui !

Ainsi donc, de manière rationnelle (naturelle) ou inspirationnelle (spirituelle), les croyants ont démontré tout au long de l'histoire de l'Église, comme nous l'avons

---

[227] *L'Entraide dans l'Église*, p.11.
[228] Pierre Zumbach, op. cit., p.14.

présenté, que l'Évangile du royaume de Dieu n'avait rien perdu de son essence et de sa substance.

Nous avons passé quelques décennies au milieu d'un peuple isolé du monde, leur apportant la bonne nouvelle du royaume, et aujourd'hui, nous sommes témoins d'une transformation de leur vie. La station missionnaire de BOBELE est ce dont nous voulons parler.

CHAPITRE 6 - MISSION PYGMÉE BOBELE

Il y a plus de vingt-cinq ans que nous avons amorcé le travail d'annonce de la bonne nouvelle du royaume de Dieu parmi le peuple pygmée, l'une des rares minorités ethniques vivant encore l'ostracisme le plus absolu dans certaines régions du pays. Nous travaillons parmi ceux localisés dans le Sud et Sud-Ouest du pays.

Notre premier contact avec eux a été très bouleversant. Sans les connaître, nous avions eu à leur endroit les mêmes préjugés que nos autres compatriotes. Ils sont plusieurs millions en Afrique centrale, et des centaines de mille en Centrafrique. Ils sont stigmatisés et considérés comme des intouchables, des esclaves modernes, sans grande attention du gouvernement, en dépit de l'alerte de la communauté internationale en leur faveur.

En effet, des fonds ont été versés aux gouvernements, soit aux organisations de toutes sortes, suite à l'agrément par la communauté internationale ; des programmes et budgets alléchants sans contrepartie pour ces derniers. On note encore que rien n'améliore les conditions de vie des Pygmées au centre du continent africain, voire en RCA.

Il y a un dire militaire qui stipule que le terrain commande, et dans l'annonce de l'Évangile, il est une clé parmi plusieurs, qu'on doit choisir pour ouvrir les cœurs des personnes avant d'introduire la parole de Dieu. Un terrain préparé peut facilement accepter une prédication, tandis qu'un autre à l'état sauvage aura besoin de préparation préalable. Le contact peut s'établir par la réalisation des projets humanitaires ou communautaires. La bonne nouvelle du royaume consiste en parole et en actes. L'installation d'un puits de forage, la création d'une école villageoise, la construction d'un centre de santé communautaire, l'apprentissage de culture vivrière, la défense des droits des peuples autochtones, etc.

Toutes ces démarches n'ont qu'un seul but, faire une ouverture ou enlever les obstacles à l'annonce de l'Évangile. L'histoire suivante illustre l'importance d'un bon contact franc, qui permet aux indigènes d'apprécier la sincérité du communicateur qui facilitera l'acceptation de l'Évangile.

John Patton, un missionnaire écossais, a exercé son ministère dans les îles du Pacifique au milieu des peuples sauvages fortement prisonniers de la religion traditionnelle. La crainte des mauvais esprits, des malédictions et des ancêtres occupait leurs pensées. Malgré les mille péripéties et résistances qui durèrent quelques années, la confession de ce chef indigène atteste, en guise de conclusion, la puissance transformatrice de l'Évangile, sonnant ainsi le glas de l'incrédulité de ce peuple :

> *Depuis que Missi (nom donné au missionnaire) est venu ici, il a dit des choses étranges que nous ne comprenions pas [...] Nous trouvions étrange l'idée de creuser dans le sol pour trouver la pluie ! Mais le Missi a prié et continué de travailler ; il nous disait que Yahweh Dieu entendait et voyait et qu'il lui donnerait la pluie. Était-il fou ? N'a-t-il pas trouvé la pluie en creusant profondément dans le sol ? Nous nous sommes moqués de lui, mais l'eau était bien là [...] Depuis ce jour, je crois que tout ce qu'il nous dit au sujet de*

Yahweh est vrai… Aucun dieu d'Aniwa n'a jamais répondu aux prières comme l'a fait le Dieu du Missi… Quelque chose dans mon cœur me dit que Yahweh Dieu existe… À partir de maintenant, je suis un disciple de Yahweh Dieu[229].

Le peuple pygmée[230]est un peuple foncièrement animiste et singulièrement fétichiste. Comme Robert Blaschke l'a décrit dans son livre *Question de Pouvoir : comment annoncer l'Évangile aux animistes*, les démarches d'enseignement du salut ne suivent pas un stéréotype, mais diffèrent de l'Occidental rationaliste à l'Africain animiste. Pour le premier, on peut traiter directement du problème du péché, pour le second il faut d'abord traiter du problème de la délivrance des mauvais esprits. Ignorance ou négligence, la superficialité de la vie chrétienne en Afrique est le résultat d'une approche qui n'a pas pris en compte ces paramètres.

Nous avons été confrontés à cette réalité, et dans la suite les choses ont changé dans une grande mesure, quand ils ont compris que l'Éternel était plus grand que leurs fétiches et esprits. En plus de l'enseignement de la parole, des projets ont été réalisés au milieu de ce peuple, ce qui ne permet pas de savoir que l'emplacement actuel du site missionnaire était une forêt. Ce peuple était primitif, travaillait pour les villageois sans salaire, ou mieux rémunéré par des chanvres, cigarettes, alcool. Ces pratiques

---

[229] Paul Keidel, *Les défis de la mission interculturelle*, p.51.

[230] Nos travaux de recherche en master ont été consacrés à ce peuple, et nous avons appris beaucoup de choses sur la vie et la tradition de ce peuple. Plus de détails sont dans le mémoire de Master.

développaient en leur sein des vices et les asservissaient davantage.

Dans le parcours de ce travail pénible mais exaltant et excitant, il y a inéluctablement eu des confrontations de puissances spirituelles. Celles-ci ont convaincu le peuple pygmée de choisir, quelle partie suivre, avec comme toile de fond la perspicacité du prophète Élie. À un moment donné de l'histoire de la vie du peuple d'Israël, le prophète était obligé de lancer un défi afin qu'ils choisissent entre Baal et l'Éternel.

En plus de défendre le droit intrinsèque et inaliénable du peuple pygmée, en menant des actions judiciaires spectaculaires[231] auprès de la gendarmerie nationale, les enfants fréquentaient une école rurale[232] initiée pour eux, les adultes suivaient un programme d'alphabétisation[233] qui leur permettait de lire la Bible. Le site était doté d'un poste[234] de santé primaire et d'une pharmacie villageoise[235]. Ils ont

---

[231] Une fois suite à une plainte déposée à la gendarmerie à cause d'une maltraitance à l'endroit d'un pygmée, la gendarmerie a fait une descente dans le village pour amener les coupables, du jamais vu. Les villageois n'ont pas accepté cette procédure, et une opposition féroce s'était engagée contre le travail de la mission.

[232] Si les enfants pygmées doivent se rendre au village pour fréquenter, ils sont l'objet de toutes sortes de violences et autres mauvais traitements. L'école rurale permet néanmoins aux enfants des villageois à venir fréquenter sans problème.

[233] C'est sur la demande des Pygmées que le programme a été initié.

[234] Le projet final vise à l'établissement d'un centre de santé primaire de type A.

[235] La mauvaise gestion financière de la pharmacie pose encore des problèmes pour sa pérennité. La problématique a une constante

appris les techniques de culture[236], et chaque famille avait son propre champ.

La transformation est telle que plusieurs villageois ont rapproché leur maison du site, afin de profiter du développement que l'Évangile du royaume a provoqué parmi un peuple. Eux qui étaient des laissés pour compte, et qu'on aurait jamais pensé qu'un jour ils auront la même possibilité de voir leur progéniture émancipée comme les autres enfants dans les zones.

La vente des produits champêtres procure de l'argent aux Pygmées. La nécessité de l'hygiène les amène à construire des cases plus aérées que leurs huttes. Ils recrutent alors des villageois pour les constructions[237] contre rémunération. On dirait le monde à l'envers, mais c'est pourtant ce que fait l'Évangile du royaume. Les réactions des concernés qui peuvent juger des différences notables, entre leur ancien mode de vie sans Dieu et celui qui est sous la gouverne de l'Évangile, sont intéressantes et encourageantes.

---

culturelle. Les Pygmées n'ont pas la notion ni la culture de l'épargne. Le changement prendra du temps, et nous prions que le Seigneur donne la sagesse à ce propos.

[236] Ils ont toujours eu à travailler pour les autres bantous, désormais ils cultivent leur propre plantation.

[237] Dans la culture pygmée, la construction des huttes est un travail de femmes. En changeant de modèle de construction qui fait appel à une nouvelle forme, les femmes ne peuvent pas. Alors appel est fait aux villageois d'effectuer le travail contre paiement.

Cette expérience confirme les récits des missionnaires pionniers sur tous les continents, qui devaient faire école dans nos pratiques d'évangélisation. Cela devait être pourtant naturel, si les leaders se préoccupaient du développement des individus, qui venaient au contact de la bonne nouvelle et qui finissent par devenir les membres des communautés. La troisième valeur des fonctions du leadership est le développement et la motivation de l'individu.

La transformation a amené Yangongo Michel, un vaillant Pygmée, à aller évangéliser le village où se trouvent ses parents. Il a fini par implanter une église dont il est le pasteur, assisté par d'autres responsables qui sont des villageois (bantou). Sa vision est de voir les autres Pygmées accueillir le royaume de Dieu en leur sein. Son cas n'est pas isolé. Ngana Dominique, pour sa part, rêve depuis un certain temps de traverser le fleuve Oubangui de l'autre côté de la RDC pour en faire de même. Ernest Ziblémo est aussi l'exemple d'un autre Pygmée animé par le zèle de l'Évangile. Ainsi, le royaume de Dieu continue à faire des émules parmi les Pygmées rachetés par Christ.

Vu sous un angle évangélique, notre praxis est étayée par la Déclaration de Michée[238] sur la Mission Intégrale qui stipule pour sa part :

> *Il ne s'agit pas simplement de faire en même temps de l'évangélisation et de l'action sociale. Au contraire dans la Mission Intégrale, notre proclamation a des*

---

[238] La Déclaration de Michée sur le réseau Michée : www.reseaumichee.org.

conséquences sociales, puisque nous appelons à l'amour et à la repentance dans tous les domaines de la vie. Et par ailleurs, notre implication sociale a des conséquences pour l'évangélisation, puisque nous témoignons de la grâce transformatrice de Jésus-Christ. Si nous ignorons le monde, nous trahissons la Parole de Dieu qui nous envoie dans le monde. Si nous ignorons la Parole de Dieu, nous n'avons rien à apporter au monde. La justice et la justification par la foi, l'adoration et l'action politique, le spirituel et le matériel, le changement personnel et le changement structurel, tout cela va de pair. Être, faire et dire comme vivait Jésus, voilà le cœur de notre tâche intégrale[239].

Nous avons inculqué dans la mentalité des ouvriers pygmées de multiplier des communautés en les baptisant de Shalom. Ce concept hébraïque n'est pas simplement une salutation ou un souhait irénique, mais c'est la description d'une vie idéale que Dieu voulait pour son peuple. Il renferme le concept : « harmonie, accord, justice, bien-être, prospérité ». En le prononçant, on annonce la meilleure des bénédictions pour celui à qui il est adressé.

On attribue à Saint François d'Assise l'adage axiomatique selon lequel « nous devrions toujours prêcher, parfois en ayant recours aux paroles », ou mieux « être témoin toute la journée, tous les jours et, au besoin, d'utiliser des mots ». En voilà un qui est habité par la mentalité du royaume. Vivre de manière eschatologique dans le temps messianique.

---

[239] Extrait de la déclaration du Réseau Michée sur la Mission Intégrale.

Cette approche utilisée pour l'évangélisation en milieu pygmées n'est pas sortie du néant. Nous avons toujours compris par la lecture des Saintes Écritures que la foi et les œuvres se donnaient réciproquement des raisons d'exister. Lorsque nous étions pasteur d'une communauté locale, n'ayant pas assez de moyens financiers, et abritant en son sein des réfugiés et des démunis, nous avons organisé l'Église de telle sorte qu'il y ait en permanence dans la cuisine : riz, haricot, ail, huile, et tous les condiments qui vont avec. Cela permettait que chaque jour, les gens qui sont dans le besoin trouvent à manger.

De ce point de vue, nous nous sommes inspirés de nos études universitaires d'ingéniorat, qui consistaient dans les conceptions des pièces mécaniques et des fabrications des engins lourds. Nous avons été formés à réfléchir et à trouver des solutions aux problèmes que pouvaient rencontrer les usagers des engins mécaniques. Une fois aux commandes d'une communauté chrétienne, nous avons appliqué les mêmes principes, de réfléchir aux solutions à apporter aux problèmes que pouvaient rencontrer ceux qui fréquentaient les lieux de culte.

C'est ainsi que nous avions visité les lépreux la veille de Noël pour leur apporter réconfort, et prier pour leur soulagement en décembre 2003. Dieu a fait au-delà de nos attentes en les guérissant tous. De telles expériences existentialistes galvanisent la foi et encouragent à ne pas limiter la puissance du royaume.

En l'an 2000, nous avons lancé par la foi un centre de formation missionnaire dit polytechnique. Par la foi, parce que nous fonctionnions à base de foi sans soutien programmé. Polytechnique, car nous voyons nos missionnaires formés comme des agents de développement communautaire. Autant ils acquièrent les connaissances nécessaires pour faire la mission, autant ils sont formés dans plusieurs métiers pour le développement des communautés villageoises, où ils sont appelés à exercer leur mission. Ces connaissances techniques et professionnelles leur permettent d'utiliser leurs mains pour subvenir à leurs propres besoins, comme l'apôtre Paul qui fabriquaient des tentes.

Nous avons appris toutes ces choses par la seule lecture de la parole de Dieu, ainsi que les connaissances découlant de nos formations. Nous n'avons pas attendu que les missionnaires étrangers nous servent de modèles. Nous n'avons pas à condamner les missionnaires pionniers d'avoir omis cette partie très importante du travail. Nous sommes d'accord avec Alexandre Westphal qui dit très justement :

> *C'est sur la terre que Jésus a planté sa croix. Par sa croix, il a pris possession de la terre, et c'est sur nous qu'il compte pour lui en assurer la domination. Dès lors la vie terrestre du chrétien n'est pas écartelée en sacré et profane, dimanche et semaine, Église et monde, terre et ciel. La vie chrétienne est une ; elle est un service de tous les jours. Le but de ce service est qu'un jour arrive où il n'y aura plus ciel, ni terre, parce que tout sera Royaume de Dieu[240].*

Nous voulons apprécier à sa juste valeur dans le point suivant, les paroles de Jésus à l'endroit de l'économe

---

[240] Cité par Pierre Zumbach, p. 94.

infidèle[241] mais prudent, qui prenait des dispositions en vue d'un éventuel licenciement prospectif, résultant d'une mauvaise gestion dont son responsable était venu à avoir vent. Les actions sont mieux salvatrices que les réactions, néanmoins une telle philosophie algorithmique ne fait pas des émules dans le milieu chrétien.

En tant que chrétiens, nous réagissons davantage devant les problèmes de ce monde sans y apporter de solutions durables. Les réactions s'attèlent plus aux conséquences, tandis que les actions visent à traiter des causes. Devant les situations catastrophiques et parfois apocalyptiques qui font irruption de par le globe, quelles alternatives propose l'Église ? La dégénérescence du christianisme, de l'Église et du témoignage chrétien ne semble inquiéter les leaders ecclésiastiques outre mesure. Nous sommes les mieux informés que le commun des mortels sur les actualités, puisque la Parole de Dieu contient des milliers de prophéties qui se réalisent chaque jour, nous rapprochant de plus en plus de la parousie.

Citons le seul exemple du phénomène du contrôle de la circulation de l'argent. Il y a deux mille ans quand sur l'île de Patmos Jean recevait sa révélation, et en ce temps l'OMC, entendue Organisation Mondiale du Commerce n'existait pas. Aujourd'hui, cette institution est censée réguler le commerce entre les États par des accords régionaux, multilatéraux et internationaux. Il est aussi question dans le

---

[241] Lire Luc 16 :1-9. Ce qui nous intéresse est le verset 8 qui dit : «car les enfants de ce siècle sont plus prudents à l'égard de leurs semblables que ne le sont les enfants de lumière ». Les séculiers sont en avance sur les sacrés sur l'échiquier des projets.

livre de l'Apocalypse de se faire apposer un signe sur le front ou sur le bras à un moment qui doit arriver avant de pouvoir acheter ou vendre. Les puces ''Mondex''[242] vont servir à cet effet. Il paraît que ce serait après la parousie, soit[243] ! La pandémie du Coronavirus avec l'utilisation des datas électroniques, les vaccins proposés, et tous les commentaires qui vont avec (mondialiste vs complotiste) laissent présager le changement que le Nouvel Ordre Mondial apportera dans un avenir proche. Mais quelles précautions, alternatives ou approches l'Église propose pour que ses membres ne fassent pas naufrage ?

Mais revenons à la prudence des enfants de ce monde qui surpassent en intelligence les fils de la lumière, comme l'a fait remarquer Jésus.

---

[242] Ce procédé conçu fonctionnerait déjà. Aujourd'hui le RFID est expérimenté dans plusieurs nations ; le vaccin ARNm (ARN messager) est dénoncé par des spécialistes à cause des conséquences non maîtrisées sur la race humaine.

[243] Le confinement provoqué par la pandémie du Covid19, les mesures prises pour fermer les frontières et tout ce qui va suivre anticipent l'arrivée de l'Antéchrist. De plus en plus de signaux nous alertent. Les puces électroniques fonctionnent déjà en Suède. Le repérage facial en Chine, etc.

CHAPITRE 7 - NOUVELLE GRILLE DE LECTURE

À la lumière des récentes lectures[244]ou des nouvelles interprétations des phénomènes sociologiques modernes sur le vieux continent, l'avantage du séculier sur le sacré que nous avons noté, se confirme dans les faits que nous rapportons dans les lignes suivantes. Ce qui est encourageant est que cela se passe en Europe, continent qui n'a pas de tradition communautaire, mais qui se ravise devant les limites d'une société de consommation où l'argent devient incontournable. Le système établi y pousse la population à creuser sa propre tombe. La traduction du réajustement se fait voir dans l'émergence des entreprises sociales, de l'économie sociale et aussi dans l'acceptation d'un nouveau modèle social d'existence à la limite de l'anormalité. Nous répertorions dans notre étude seulement trois cas sans être exhaustif.

---

[244] Nous nous sommes rendus compte au cours de nos travaux de recherche, qu'apparemment, il existerait tout un réseau qui encourage l'expansion des lieux à vivre et ceci même en Hexagone. Philippe Fournier, responsable de l'association de solidarité La Gerbe, dans un article sur la *Présence renouvelée dans les pays occidentaux* en fait mention. *Mission intégrale*, p. 97.

3.1. LA COLOCATION

Les raretés d'emplois, les salaires mensuels insuffisants, la précarité des embauches, les difficultés engendrées par des pensions disproportionnelles résultant du coût de la vie, du pouvoir d'achat, de la hausse des prix des loyers, avec comme conséquence une inflation galopante, font de plus en plus de misérables dans les sociétés occidentales. Cet ensemble de faits a poussé à une grande réflexion, dans une optique d'y trouver des réponses appropriées qui aideraient à s'en sortir.

Dans cette dynamique, dans la ville de Nantes en France par exemple, ''la Maison de Marie'' est un endroit qui accueille des jeunes femmes seules en difficulté. Elles sont d'origines diverses mais ayant un problème commun, le rejet par les leurs et le besoin d'une insertion. Elles sont acceptées pour au moins une année, le temps de chercher à se caser. Les autres colocataires sont des étudiantes en stage, ou des jeunes femmes qualifiées qui mettent leur temps, connaissance, expérience et expertise au service des autres femmes ''à problème'' qui vivent sous le même toit : « C'est une joie, dit l'une d'entre elle, d'être utile aux autres ».

En échangeant sur ce système avec d'autres personnes, il s'est avéré que l'idée est en train de faire son chemin. Lorsqu'on est seul dans un appartement, rapporte un interlocuteur, les charges peuvent être écrasantes, alors que dans la colocation, on se les partage. Aussi pour une personne physiquement faible, les problèmes liés à la plomberie, à l'électricité, aux serrures peuvent s'avérer insurmontables quand cela urgent. En se donnant la main par la sociabilité, une solution immédiate est trouvée par le voisin qui vient au secours.

Ce modèle de coexistence qui a vu le jour depuis un certain temps chez les Anglo-Saxons, permet aux personnes qui ont peu de revenus de contribuer pour faire face au loyer et autres problèmes liés au logement. Cela leur évite d'être dans la rue ou sous des ponts, comme c'est le cas aujourd'hui pour de nombreuses personnes. Ces dernières n'ont plus que leur voiture de course comme maison d'habitation.

Outre les maisons d'habitation, le système permet aussi aux entrepreneurs ou aux hommes d'affaires d'être colocataires d'un espace qui leur servira de bureau ou d'interface. Cela leur est avantageux de partager le loyer et les dépenses y afférentes. Il permet de minimiser les dépenses fixes pour une jeune société qui doit maîtriser les dépenses relatives à la promotion et au développement de sa boîte.

Nous allons dans la même dynamique considérer un autre modèle qui fonctionne à merveille, faisant partie des solutions sociales qui donnent d'excellents résultats. Aujourd'hui ce modèle[245] est à l'échelle sous continentale européenne.

---

[245] Le Blablabus qui dessert plusieurs villes européennes, s'est inspiré du Blablacar. Il a racheté la licence de Ouibus initialement opérée par la SNCF en France.

3.2.　LE COVOITURAGE

Le covoiturage est un autre modèle qui avantage les voyageurs en se partageant les frais de transport. En effet, il évite au propriétaire – qui est pour la plupart du temps le conducteur – de voyager seul. Au contraire il lui permet d'avoir de la compagnie et de faire de nouvelles connaissances avec lesquelles il se partage les frais de carburant et des péages sur les autoroutes. Dans cette perspective, on ne convient que le coût du covoiturage comparé à ceux des voyages en train ou en bus collectif, urbain ou interurbain[246]. Ce mode de voyage offre à ses usagers une opportunité de voyage agréable, et au-delà la connaissance de plus en plus accrue d'une familiarité d'amis.

On peut voir que l'incapacité de se payer un véhicule n'empêche plus de profiter de déplacements en voiture sans pour autant être emmené par un ami ou une connaissance qui ne serait pas disponible. Les handicaps et autres difficultés conduisent à des solutions intermédiaires et poussent à des réflexions sur des éventuelles possibilités jamais envisagées.

Le phénomène est devenu transfrontalier et risque de devenir concurrentiel aux agences de voyage. Souhaitant que cela n'inquiète pas l'État qui veut toujours prélever des taxes

---

[246] Les autocars aussi s'en sont mis. Les Blablabus, autrefois Ouibus, ont la même philosophie, et cela se développe à travers l'Europe.

dans les petites affaires, il serait intéressant de savoir sous quel régime Blablacar[247] fonctionne en France.

Le covoiturage est une bien meilleure solution que l'auto-stop. Sachant que le transport en commun est mieux servi dans les villes, le covoiturage offre aux voyageurs même de dernière minute, des possibilités de déplacement ou de voyage sur de longues distances dans des conditions idéales et confortables.

Le covoiturage est, de notre point de vue, adapté à cette époque où le repli sur soi et l'exclusion semblent être la solution appropriée pour les démunis. Il montre qu'on peut toujours profiter de ce qui est à autrui à moindres frais. Il contredit aussi la façon de se comporter de manière associable, regardant avec condescendance ceux à qui la vie n'a pas encore souri.

Nous avons vu que la colocation était une solution meilleure pour les personnes vivant seules, et ne se souciant pas de problème de caractère. Nous avons aussi dit que le covoiturage était une merveilleuse opportunité, pour une certaine catégorie de voyageurs aimant les compagnies, et désirant partager à frais réduits le coût de transport. Voyons toujours dans cette rubrique un dernier modèle de cohésion, la cohabitation.

---

[247] À notre connaissance, c'est le premier service de covoiturage en France.

3.3.   LA COHABITATION

Pendant très longtemps, quand nos frères Occidentaux interprétaient les versets du livre des Actes des Apôtres, où il est question de la vie communautaire pratiquée par l'Église primitive, les tentatives d'explication tournaient autour des raisonnements tels : l'Église était encore jeune et pouvait se permettre une telle pratique, mais au fur et à mesure de sa croissance numérique et de son expansion géographique, cela n'est plus d'actualité ; ou encore il faudrait être très prudent aujourd'hui pour ne pas appliquer à la lettre cet exemple. Ces arguments ne pouvaient nous convaincre, parce que la vie communautaire se pratique encore dans nos villages et communes.

En effet, nous avons été émerveillés, lors de notre court séjour à Aix-en-Provence, dans le cadre de recherche académique, par l'hospitalité très remarquable d'un couple et d'une missionnaire irlandaise. L'homme est un pasteur à temps partiel, qui travaillait aussi au Conseil Général de la ville, et sa femme faisait du social pour aider les immigrés. La missionnaire animait les cours Alpha dans différentes confessions chrétiennes. Tous les trois étaient engagés dans l'avancement du royaume de Dieu. Ils ont acquis ensemble un appartement et y vivent depuis une vingtaine d'années.

Leur témoignage est très encourageant. Il y a une complémentarité dans leurs actions sur tous les plans. Les enfants du couple ont grandi sous les regards des adultes avant d'aménager ailleurs, quand ils sont devenus majeurs et responsables. C'est un exemple qui peut faire des émules parmi les disciples modernes du Christ. Si la vie communautaire est possible dans les stations missionnaires, pourquoi ne pas la pratiquer dans la vie normale ?

Ces trois exemples renforcent notre position par rapport aux atouts des communautés de foi, qui peuvent servir d'exemple aux communautés de base. Nous voulons explorer pour vérifier, s'il n'y avait pas eu d'autres aventures d'exemples chrétiens de vie communautaire.

CHAPITRE 8 - LIGNE DE FRONT

Le christianisme moderne a quelque peu perdu les traces des pas des croyants de première heure et de l'époque médiévale. En considérant les deux exemples ici-bas, nous comprenons combien le monde doit au christianisme, précurseur du développement de l'humanité dans plusieurs aspects. Les Nestoriens ont révolutionné la médecine chez les Arabes ; les Monastères, de véritables laboratoires, ont largement contribué au développement intellectuel et au rayonnement socioéconomique en Europe.

4.1.   LES NESTORIENS

L'histoire nous apprend que ce groupe de croyants qui se réclame de Nestorius, patriarche de Constantinople – dont les commentaires sont contradictoires à son sujet à propos de son point de vue doctrinal hérétique[248] sur le Christ – est parti en suivant la route de la soie et des épices, ainsi que la route des caravanes, pour faire connaître l'Évangile depuis Babylone jusqu'en Extrême-Orient.

Dans leur ville épiscopale, ils disposaient des lits pour soigner les malades dans les hôpitaux, loger les pauvres et héberger les voyageurs. Ces décisions faisaient suite à l'assemblée des évêques tenue en 410. Bien que l'arrivée de

---

[248] Comme tels, ils étaient excommuniés de l'Église officielle de Rome. Ils s'installèrent en Orient pour poursuivre leurs œuvres.

l'Islam au VIIe siècle perturbe leurs activités, il n'en demeure pas moins qu'ils aient contribué énormément dans ces régions. D'ailleurs, étant des citoyens de seconde zone, à cause de la politique de la nouvelle religion, ils se sont cramponnés mordicus à la pratique de la médecine, dont ils étaient les seuls détenteurs de la connaissance avant de traduire les documents en arabe.

Les moines comprenaient le latin et le grec, ce qui leur permit de recopier et de traduire les écrits de l'Antiquité, et d'écrire des littératures religieuses et théologiques. Les monastères avaient des bibliothèques, et favorisaient le développement intellectuel selon Raymond Le Coz[249]. Ils étaient les seuls médecins à Bagdad jusqu'à l'arrivée de l'Islam. Ils ont contribué au rayonnement de la science dans la capitale du monde arabe. Leurs traductions des livres scientifiques en arabe a permis que la médecine soit connue et vulgarisée dans cette partie du monde.

Ces moines avaient une pratique qui consistait à s'installer dans une localité et d'annoncer l'Évangile. Parallèlement, ils développaient l'agriculture, le commerce, la médecine et autres projets servant au développement. En plus des monastères, ils créèrent des écoles dans chaque village. En partant, ils laissaient un petit groupe sur place pour continuer le travail, alors que les autres progressaient. C'est ainsi qu'ils sont allés aussi loin que l'Inde, voire la Chine entre les Ve et XIIIe siècles.

---

[249] Les médecins nestoriens au Moyen Âge, les maîtres des Arabes, pp. 9-13.

Ils ont laissé un bel exemple qui démontre que la propagation de l'Évangile s'accompagnait du développement socioéconomique. En témoigne le récit du patriarche dans le paragraphe qui suit :

> *Ces moines qui passent les mers jusqu'aux Indes et en Chine n'ayant pour tout bagage qu'un bâton et leur besace. [...] Voici en effet que de nos jours [...] le roi des Turcs, avec presque tout son peuple, rejeta ses anciens errements athées et se convertit au christianisme, grâce à l'action de la grande vertu du Christ, auquel tout est soumis ; il nous demanda par lettre de préposer un métropolite à tout le territoire de son royaume, ce que nous avons accompli avec le secours de Dieu [...]. Voici en effet, que dans toute la région de Babylone, de Perse et d'Ator [Assyrie], dans toutes les régions d'Orient, chez les Hindous et les Chinois, les Tibétains et les Turcs, et dans tous les territoires soumis à ce trône patriarcal [...] ce trisagion se récite sans l'addition de ces paroles « qui fut crucifié pour nous ». [...] Ces jours-ci, l'Esprit consacra un métropolite pour les Turcs ; nous en préparons un autre pour les Tibétains.*

> *Mar Timothée Ier, Patriarche de l'Église d'Orient (728-823).*

4.2.   LE MONASTÈRE

L'ascétisme développé dans les couvents et les monastères était une tentative de délivrer la chair des désirs terrestres mais aussi d'exalter la pauvreté. À l'époque médiévale, ces centres d'un type nouveau ont aussi été des lieux où s'est développée la médecine d'un autre temps. François d'Assise et les frères mineurs seront les figures emblématiques du Moyen Âge. On ne comptait pas moins de 700 monastères au XIIIe siècle sans parler des prieurés.

Entre temps, Benoît de Nursie, un autre moine, a développé à Cluny un grand centre monastique où se développeront les œuvres de miséricorde. Les monastères auront l'ascendance en matière d'assistance. Ce serait le modèle dans tous les monastères. Le maître infirmier des épidémies donne aux malades de la nourriture et des herbes médicinales tout en suivant leur évolution. Tout cela était accompagné de prière nocturne.

Les monastères seront de véritables laboratoires ou des centres de recherche, et les précurseurs des universités. L'école qui dans un premier temps était réservée à la féodalité sera développée dans ces lieux. Les recherches n'épargnaient aucun domaine, de l'agriculture à la gastronomie, de la médecine à la foresterie, etc. R. N. Sauvage[250] présente dans sa thèse en Lettres, un modèle de développement économique d'un monastère. Ce volumineux document éclaire davantage sur la manière dont les moines avaient contribué au développement socioéconomique d'une région normande.

Il était établi une relation entre le temporel (donation, numéraire, transaction) et le spirituel (compensation religieuse). Ceux qui donnaient avaient droit à la reconnaissance spirituelle des moines et à leurs prières. Et quand les dons en nature et l'argent liquide se raréfiaient,

---

[250] *Histoire et développement économique d'un monastère normand au Moyen Âge.* Thèse de Doctorat à la Faculté des Lettres à l'Université de Caen, pp.125-126.

alors des dons en terre, en bétail, et même des donations payées, c'est-à-dire des dons contre argent se pratiquaient. On est arrivé à octroyer des églises, des dîmes, des terres, des bois, des marais, des maisons et des droits en exemption de droit[251].

Toutes ces entrées permirent aux monastères d'avoir des revenus qui étaient utilisés dans des prêts, des achats de rentes, des pensions et oblature, de l'acquisition des surfaces boisées, de cultures, de la construction des chemins. On voit donc de véritables activités génératrices de revenus et de développement socioéconomique. En conjuguant le spirituel au temporel, les monastères ont fait preuve d'invention et d'innovation exploitées aux fins de développement.

L'exposé du Père Denis Martin à Rome en 1959 rappelait l'importance vitale de l'existence des monastères en Europe :

> *Car – de récents travaux l'ont maintenant établi – les grandes abbayes furent alors beaucoup moins nombreuses que les petites implantations. « Tous les cent kilomètres [...] Dans la France du Moyen Âge, le quadrillage fut beaucoup plus serré. Dans les régions que je connais le mieux, il n'y a pas de canton qui n'ait eu son prieuré, prieuré-cure, prieuré-ferme ; partout les moines tenaient, au milieu de la masse, de petits*

---

[251] Les sujets de prière spécifiés et des récompenses religieuses précises étaient autorisés, ce qui augmenta le désir des donateurs où certains réclamaient d'être enterrés dans les monastères ou devenaient à leur retraite des moines. Ils recevaient en outre des instructions.

postes d'où rayonnaient leurs exemples d'idéal : chrétien vécu[252].

On pourrait résumer sans ambiguïté l'ensemble de la vie monastique en ces trois termes simples : travail, prière, charité.

C'est à chaque génération de comprendre son temps, ou mieux les termes de la dispensation en cours, et de travailler en fonction de la réalité et des réponses à apporter aux défis que pose la société. Considérons maintenant un concept qui est en train de faire son chemin.

---

[252] *Nouvelle page d'histoire monastique,* p.12.

CHAPITRE 9 - CONCEPT ABCD

Nous empruntons à Evert Van de Polt, dans son article *La mission intégrale en quatre mandats*, ces propos :

> *L'ordre donné aux hommes de « se multiplier » et de remplir « la terre » implique beaucoup de choses : se marier, fonder des familles, éduquer des enfants, transmettre des connaissances et des valeurs, pourvoir aux besoins des uns et des autres, développer des structures sociales permettant de travailler et de vivre ensemble, construire des habitations et des infrastructures, prendre soin des autres, notamment des faibles, développer des talents au service d'autrui, travailler pour le bien commun. Étant créé à l'image de Dieu, l'homme doit donc faire en sorte que la terre soit remplie du reflet de cette image de Dieu[253].*

Le changement de paradigme implique aussi de voir autrement le développement, au lieu de le considérer comme une course effrénée pour rattraper l'Occident dans son modèle. À ce titre, plusieurs organisations ont compris et donnent une autre appréciation au sens du développement. En l'occurrence en Bolivie, où on utilise le concept « vivre bien » ou « buen vivir » en espagnol, mettant en avant

---

[253] *Mission Intégrale*, p. 62.

l'épanouissement de la communauté. C'est une vision holistique et intégrale de la vie.

Un autre exemple de concept de développement est celui du Bhoutan en Asie, un pays bouddhiste. L'indice sociométrique utilisé est le « Bonheur National Brut » en opposition à l'IDH préconisé par l'ONU[254]. Il couvre toutes les dimensions de la vie de l'être humain, y compris la spirituelle et la psychologique.

En Afrique, se trouve aussi un exemple Sud-Africain dans le terme Ubuntu, qui désigne l'essence même de l'humanité. C'est l' « Être » qui est préconisé et non l' « Avoir ». La qualité au-dessus de la quantité. La société et pas seulement les individus. Certes, les idéaux de Nelson Mandela ne sont pas encore bien ancrés dans la mentalité de la nation arc-en-ciel, mais cela vaut la peine d'être mentionné.

L'homme est un être rationnel et équilibré. En pensant à son développement, l'accent doit être mis sur les pesanteurs de la pauvreté qui sont les liens pouvant basculer à tout moment ; Dieu, lui-même, son prochain, son environnement (création). Il ne s'agit pas pour nous de créer une nouvelle théorie économique qui s'opposera au capitalisme ou au communisme. Il nous faut être attentif aux souffrances des gens, et comprendre le mécanisme défaillant pour bien leur « parler avec les mains », comme disait Camus. En outre, comme soulignait Pierre Zumbach, « c'est pourquoi

---

[254] Il serait intéressant de noter que la Banque Mondiale a inclus de nouveaux indices dans le développement qui tiennent désormais compte de la qualité de la vie, du système scolaire et du système de santé.

nous pensons que le Christianisme social est inclus dans les doctrines économiques et sociales qui fondent les reformes sociales sur le message de l'Évangile[255] ».

5.1. QUELQUES CHIFFRES DE DONNÉES STATISTIQUES

Nous devons cesser de nous mentir à nous-mêmes. La plupart des pays développés le sont par le sang et la sueur des noirs Africains – Arabes et Européens qui ont pratiqué la traite. Cependant, les transferts des technologies ne concernent pas l'Afrique, il en va de même de la rétention du savoir-faire. La mauvaise répartition des richesses de manière globale – les riches devenant de plus en plus riches, et les pauvres de plus en plus pauvres – ne cristallise pas l'attention de ceux qui disent chercher le bonheur de l'Afrique. Voyons quelques statistiques :

- En 2016, les studios pornographiques aux USA ont investi plus de 6 milliards de dollars pour produire les films X ;

- En Europe, les dépenses en publicité sont estimées à plus de 431 milliards d'euros par an ;

- 1/5 personne dans le monde vit dans une pauvreté extrême ;

- 1,6 milliards de personnes survivent avec moins de deux dollars par jour (il y a des démunis en Asie

---

[255] Pierre Zumbach, p. 82.

du Sud, mais la plus forte proportion se trouve en Afrique subsaharienne) ;

- En 1995, 125 millions d'enfants pouvant aller à l'école n'ont pas pu, les 2/3 sont des filles ;

- Chaque jour, 8500 enfants et jeunes sont contaminés par le virus du SIDA dans le monde, et 3000 femmes en meurent ;

- En 1998, 11 millions d'enfants sont morts dans le monde alors qu'on pouvait prévenir la plupart des maladies ;

- Les 387 milliardaires du monde possèdent une richesse équivalente au 2,3 milliards des personnes les plus démunies dans le monde ;

- 1 enfant né dans un pays industrialisé consomme et pollue dans sa vie plus que 30 enfants dans un pays en voie de développement ;

- Les dépenses en cosmétique aux États-Unis pourraient payer l'éducation minimum pour tous ;

- Selon le PNUD, les soins médicaux et les produits alimentaires de première nécessité de chacun s'élèvent à 10,8 milliards d'euros. Chaque année l'UE (Union Européenne) et les États-Unis dépensent 24,5 milliards d'euros pour nourrir leurs animaux domestiques ;

- Chaque année, dans l'UE les dépenses en cigarettes s'élèvent à 44 milliards d'euros, et 87 milliards d'euros en boissons alcoolisées ;

- Par an, les dépenses militaires s'élèvent à environ 637 milliards d'euros.

Nous avons collecté plus récemment d'autres chiffres alarmants, qui montrent que les choses vont de mal en pis :

- Dans une enquête documentaire, présentée lors du journal télévisé F24 expliquant le rapport de OXFAM (une association qui enquête sur l'égalité), il est dit que 26 milliardaires concentrent plus que 50% des richesses de l'humanité toute entière.

- Lors de la rencontre annuelle de Davos, tenue à Kloster du 22 au 25 janvier 2019, il est dit que 2153 milliardaires ont plus d'argent que 60% de la population de la planète, soit 4,6 milliards de personnes.

- En outre, 1% de la planète détient plus de deux fois la richesse de 90% de la population c'est-à-dire 6,9 milliards de personnes.

- On avance que 7 milliardaires possèdent plus que 30% des plus pauvres du monde.

- En France, on note une hausse de 400.000 personnes qui ont basculé sous le seuil de la pauvreté, c'est environ 9,8 millions de pauvres qui représentent 14,7% de la population. La dette publique dépasse les 100%. Selon l'INSEE 2000 milliards d'euros, a-t-on appris lors d'un débat sur RTL.

- Plus écœurant, entre 2017 et 2018, un nouveau milliardaire apparaît tous les deux jours.

- 26 personnes se répartissent autant que la moitié de l'humanité, et selon Oxfam, le nombre de milliardaires a doublé depuis la crise de 2008.

- Jeff Bezos, le Président Directeur Général d'Amazon (l'homme le plus riche de la planète), a une fortune personnelle estimée à 159,4 milliards de dollars en 2020. Ainsi donc, moins de 1% de sa richesse correspond au budget de santé de l'Éthiopie. Cette fortune pourrait atteindre bientôt 1000 milliards de dollars selon des projections, puisqu'il aura le vent en poupe.

Ces statistiques pessimistes donnent raison à plusieurs voix qui s'élèvent pour dénoncer la manière dont fonctionnent les organisations internationales, surtout les Nations Unies. C'est pourquoi J.M. Ela a fait remarquer qu'il faut se départir de pareilles pratiques. Il faut :

> Assumer des modes d'analyses qui dérangent les privilèges acquis par la mise sous tutelle du peuple par les cadres vivant dans l'ombre du pouvoir. C'est la seule façon d'avoir une vision claire de la réalité sans cesse masquée par les bilans officiels que renforcent les mythes véhiculés par les dépliants touristiques destinés aux sociétés en mal d'exotisme[256].

Ces statistiques nous interpellent et soulèvent du coup la question de savoir si on peut se fier aux rapports tant de ces experts internationaux, d'une part, et, d'autre part, des

---

[256] *Ma foi d'Africain*, p.151.

organismes de développement, qui au-delà de toute considération se donnent pour rôle : « de réduire la pauvreté dans le monde ». Somme toute, ces affirmations traitent des conséquences et non des causes. Il n'y a pas d'usine de fabrication d'armements et des armes de destruction massives sur notre continent. Ce sont les mêmes qui font de l'Afrique un marché d'évacuation de leurs productions militaires, lesquelles font énormément des victimes civiles et collatérales. Ils sont les mêmes qui prétendent se plaindre des désastres humanitaires en Afrique.

On accepte les financements des publicités des sociétés et firmes manufacturant la nicotine et produisant des boissons alcoolisées, et on pense avoir la conscience libre avec la petite mention illisible sur l'étiquette ''l'abus tue''. Les gouvernements africains sont aussi dans le panneau.

Dans l'introduction de son livre intitulé *Pourquoi sont-ils pauvres ?*, Rudolf Strahm[257] a écrit : « À l'évidence, la seule croissance qu'ont connue les pauvres est celle de leur sous-développement. Les meilleurs rapports et nombreuses statistiques officielles passent sous silence, avec beaucoup de tact et de diplomatie, cette rupture interne qui va croissant à l'intérieur des pays en développement ». Cet expert a imagé ses conclusions par des tableaux récapitulant des faits et chiffres sur les mécanismes de développement. Il avoue que les mécanismes de développement engendrent des phénomènes qui créent de nouveaux obstacles dans divers domaines.

---

[257] *Pourquoi sont-ils pauvres ?*, p.7

Les politologues savent que pour justifier une intervention humanitaire à grande échelle dans un pays, il faut provoquer intelligemment des troubles sociopolitiques au détriment du régime au pouvoir[258]. La géostratégie qui n'est pas dans la ligne de mire des décryptages des analystes et stratèges africains, utilise la propagande et la manipulation par certains médias spécialisés dans ces jeux de dupe, pour créer les effets d'illusion selon les psychologues qui s'accordent à dire : « les mensonges répétés infiniment finissent par être crus comme vérité ». Les instruments des ''opérations psychologiques'' désignés par les spécialistes ''psyops'' sont puissamment utilisés dans la communication verbale, à savoir le langage, pour créer des illusions et manipuler[259] ou intoxiquer les gens. Ces manipulations aux fins de déstabilisation sont légions à travers les réseaux sociaux. C'est ainsi que le subconscient collectif digère et assimile des mensonges savamment conçus et orchestrés par des intelligences hautement formées, et spécialisées dans

---

[258] Le même procédé peut être utilisé par le régime en place pour s'en prendre aux opposants ou justifier une intervention militaire, car en politique rien n'arrive par hasard.

[259] Il est intéressant de lire à ce sujet Michel Colon qui a contribué à populariser le concept de Média Mensonge ou Fake news dans le seul but de manipuler les opinions. Il fait référence à l'historienne Christiane Morelli qui est à l'origine du concept et qui a étudié la 1ère guerre mondiale. Michel Colon fera son développement dans la *Propagande de Guerre*. La démarche consiste à trouver des prétextes, par exemple le positionnement hégémonique et les intérêts stratégiques se cacheront derrière la démocratie et la protection des minorités, ou la main mise sur les ressources naturelles et minières sera remplacée par le droit des femmes et la lutte contre le terrorisme. L'expert fait ressortir 5 principes : 1- cacher les intérêts économiques, 2- cacher l'histoire coloniale, 3- démoniser l'adversaire, 4- inverser l'agresseur et l'agressé, 5- monopoliser le débat.

cette science d'illusion. En Afrique, même si on sait que la ''Radio[260] est le quatrième pouvoir'', on oublie vite que dans ce métier, les journalistes sont payés pour faire un travail selon une ligne éditorialiste, quitte parfois à mentir pudiquement ou diplomatiquement.

On note également que les mêmes qui disent combattre le terrorisme, fournissent des armes aux mêmes terroristes. Quant au nom de l'État, ils commettent des attaques terroristes dans des pays tiers, sans oser parler de terrorisme d'État. Aussi longtemps qu'un leader ne rentre pas dans leur cadre théorique ''d'establishment'', il est qualifié de populiste. Les leaders d'opinion qui ne partagent pas leur approche sont étiquetés d'activistes voire pire d'anarchistes, et la liste peut s'allonger. Et ce sont les mêmes qui prétendent parler au nom des pauvres et défendre leur cause. Malheureusement le monde semble ainsi fait, mais nous refusons de rentrer dans ce formatage, et nous souhaitons la lucidité dans un travail qui doit transformer sincèrement et radicalement les conditions des pauvres.

5.2.   COMMENT S'Y PRENDRE

Il est vrai que la notion de pauvreté est transversale et connexe. Elle n'est pas seulement l'apanage des pays africains qui sont les pauvres parmi les pauvres, quand on considère les immenses ressources des sous-sols de ces pays

---

[260] On parlera aujourd'hui de média dans un monde hautement interconnecté.

dits pauvres, qui continuent d'enrichir le monde. La pauvreté a plusieurs facettes et peut être vue sous l'angle :

- Économique : problème alimentaire, soucis sécuritaire, préoccupation vestimentaire ;

- Social : existence solitaire, complexe, stigmatisation, discrimination, oppression ;

- Physique : impotence, vieillesse, défaillance sanitaire, souffrance ;

- Psychique : problème mental ou démentiel, paranoïa ;

- Intellectuel : illettrisme, analphabétisme, crédulité, ignorance ;

- Spirituel : perte de valeur d'éthique, absence d'orientation de vie, culpabilité, mort.

Il serait peut-être difficile que tous les acteurs s'accordent sur le terme pauvreté, mais dans *Perspectives Missionnaires*, Doris Pella donne la définition suivante que nous trouvons assez complète :

> *Est pauvre celui qui souffre de n'importe quelle carence. Le pauvre se trouve dans une situation de faiblesse, de dépendance, d'humiliation, caractérisée par une atteinte à sa liberté et à sa dignité personnelles. Elle peut l'être de façon permanente ou provisoire. Chez l'homme dépourvu qui a besoin d'autrui (de l'homme, de Dieu) pour le soutenir, quel que soit son niveau de vie. Une telle définition inclut non seulement les carences d'ordre matériel (argent, logement, travail, etc.), mais aussi relationnel. Elle associe les indigents, les marginaux, les éprouvés, les asociaux.*

Elle a le mérite de n'être pas redevable d'un lieu ou d'un temps donné[261].

Le problème criard de l'Afrique, c'est justement la pauvreté sous toutes ses formes. C'est pour cela que nous avons mis l'accent sur la pratique du développement intégral dans les communautés. Puisque chaque aspect de la pauvreté réclame un développement dans le domaine, et l'approche globale est la mieux adaptée. Nous ne sommes pas adepte du dolorisme – d'ailleurs ce serait tendancieux d'idéaliser ou d'exalter la pauvreté, elle n'est pas une vertu – mais loin d'être une fatalité, la pauvreté peut être conjurée.

Il est vrai que l'exploitation des pauvres ne se limite pas qu'au niveau des pratiques internationales que nous avons dénoncées, car dans l'histoire, certains penseurs dans leur mirage intellectuel ont cru découvrir la clé qui ouvrira le paradis aux pauvres, mais ils ont fait naufrage. Le marxisme n'a pas transformé la vie des prolétaires, par contre, l'intelligentsia a su en tirer profit pour s'enrichir au détriment de la populace. En outre, les syndicats, les groupes politiques, les ONG ou la société civile sont aujourd'hui des organisations qui disent militer pour l'égalité, mais leur train de vie, et les *per diem* qu'elles se répartissent démentent ce souci humaniste qui n'est que leurre.

5.2.1. Le visage de la pauvreté

Comme nous avons essayé de le décrire, la pauvreté, loin de porter plusieurs masques, a plutôt plusieurs visages. Dans l'Évangile de l'Ancien Testament, l'auteur, le prophète

---

[261] Cité par Jacques Blandenier, *Les Pauvres avec nous*, p. 22.

Ésaïe, présente Jésus comme l'homme de douleur. Pour sa part, Paul explique que Jésus a volontairement choisi la pauvreté pour enrichir les hommes. Il est vrai qu'à l'instar de Jésus, plusieurs personnes, tout au long de l'histoire, ont choisi la pauvreté pour servir les autres. Le temps nous manquerait de les citer tous, mais entre autres, l'Italien François d'Assise, les Français Pierre Valdo, Vincent de Paul et l'Abbé Pierre, ainsi que l'Indienne d'origine albanaise Mère Teresa.

Mais quand la pauvreté n'est pas choisie comme c'est le cas de l'Afrique, et qu'elle vous est imposée, il y a nécessité de briser la chaine de la malédiction. L'appauvrissement de l'Afrique a commencé par les traitants arabes, ensuite le commerce triangulaire et les traitements inhumains de la colonisation avec son cortège de fléaux, de pandémies, de famines engendrées, de bestialités – on peut nous rétorquer que le monde a toujours évolué selon la loi de la jungle, mais qu'à cela ne tienne, qu'on cesse alors de nous mentir en s'apitoyant sur notre sort.

Les conséquences de cet état de pauvreté sont criardes. À peine une décennie après les fameuses indépendances, débute l'exode des cerveaux africains vers d'autres continents pour « le mieux vivre ». Aujourd'hui, malgré l'animosité évidente de l'Occident à l'égard des migrants africains, la Méditerranée – un cimetière ouvert – loin de décourager les candidats à l'exode, refoule chaque jour des cadavres mangés par de gros poissons. Victimisation oblige, ces migrants sont difficilement persuadés.

La problématique du ralentissement ou de l'inversion de la tendance du flux migratoire est en adéquation avec l'approche du concept ABCD. Quand l'homme africain sera l'objet et le sujet du développement endogène et local, et que l'économie sociale sera la base de cette approche, les véritables causes de la pauvreté seront endiguées et les conséquences annihilées.

Jésus qui a choisi la pauvreté et qui l'a connue, a fait une déclaration à première vue contradictoire avec notre hypothèse avancée, mais en regardant de plus près, on lui donnera raison : ''Heureux les pauvres car le royaume des cieux est à eux''[262]. Si, dans l'Évangile de Matthieu, l'aspect pauvreté spirituelle est mis en exergue, celui de Luc, par contre, s'appesantit sur l'aspect matériel selon l'étymologie du mot utilisé[263]. L'antagonisme dont nous avons fait mention, se trouve dans l'expression que les pauvres sont dits heureux et possesseurs du royaume.

Il n'est pas rare de trouver de telles pensées dans les écritures. Par exemple dans le livre d'Ésaïe le prophète, le chapitre soixante-un nous parle du sort des pauvres qui est la préoccupation majeure du Seigneur, qui leur promet un ministère holistique des versets un à trois. Ensuite, ces mêmes pauvres seront des acteurs de développement. C'est à peu près le message que les évangélistes Matthieu ou Luc transmettent dans notre passage en question. Les pauvres s'approprient le royaume de Dieu. Nous avons argumenté

---

[262] Mat.5 :3 ou Lc 7:20.

[263] Ptochos en grec désigne un mendiant, quelqu'un qui vit dans la dépendance absolue.

sur l'impact du royaume sur la société dans les points liminaires de ce chapitre. Et donc, au lieu d'être une fatalité, la pauvreté va conduire ceux à qui elle a été imposée, de renverser la situation et de devenir à leur tour des acteurs de transformation. C'est du moins ce que la suite de ce chapitre soixante-un d'Ésaïe, versets quatre à sept, nous apprend.

5.2.2. Acteurs de transformation

L'histoire nous apprend comment des nations ont su profiter des expériences de leur asservissement pour rebondir. Le Japon a longtemps dominé la Chine et la Corée sans les anéantir. La Corée du Sud n'a pas disparu, par contre sa résilience a permis qu'elle soit placée aujourd'hui parmi les dix nations les plus prospères au monde. En capitalisant la force des athlètes noirs, les États-Unis dominent le palmarès des médailles toute catégorie confondue. On note de nos jours que les noirs ont fait le bonheur du football français, jusqu'à ce que Lepen et quelques compatriotes chauvinistes aient trouvé qu'il y avait beaucoup de gens de couleur dans l'équipe nationale de Bleus. Les prochaines sélections avec un sureffectif de la race blanche ont plongé l'équipe nationale dans un désastre, qui a vite fait de reconnaître les talents de ces négros[264], qui étaient un don pour la France. Malheureusement la remontée de la pente a pris du temps.

---

[264] Lors de la coupe du monde 2018 en Russie qui a vu la victoire de la France, les noirs ont été les meneurs, au point où Obama en a fait référence dans son discours – le premier président afro-américain des États-Unis – pour expliquer l'importance de la cohabitation arc-en-ciel ou multicolore.

Qui peut imaginer que la nation d'Israël à la pointe de la technologie informatique et sécuritaire attestée, avec le désert de Néguev transformé en Silicon Valley, a passé des siècles d'esclavage en Égypte[265] – les pyramides, objets préférés de tourisme dans le pays des pharaons rappellent de douloureux souvenirs. En plus d'avoir été esclaves, ils ont pérégriné presque 2000 ans, subi l'holocauste sous les Nazis. Victimes d'antisémitisme, se retrouvant dans presque tous les pays sur la planète terre, ils ont quelque chose à prouver au monde. Ils battent le record des prix Nobel. Ils ont révolutionné les sciences, la philosophie, les recherches, l'agriculture, la médecine. Oui, les pauvres peuvent être des porteurs de bonheur.

La valeur d'un homme ne dépend pas de ses biens. L'échelle de valeur divine est bien différente de celle des hommes et des institutions. On attribue à Luther cette affirmation : « ce n'est pas parce que nous avons de la valeur que Dieu nous aime, mais c'est parce que Dieu nous aime que nous avons de la valeur ». C'est ce que l'apôtre tente de dire dans son écrit rapporté en ces termes : «Mais Dieu a choisi les choses folles du monde pour confondre les sages ; Dieu a choisi les choses faibles du monde pour confondre les

---

[265] L'histoire nous apprend que les vaincus ont souvent colonisé les vainqueurs d'une certaine façon. La petite fille hébreu emmenée captive en Syrie a été source de guérison du puissant général d'armée Naaman (2 Rois 5 :1ss). Le pharaon Akhenaton (1372-1354 av. JC) a entrepris la reforme religieuse égyptienne après la sortie de Moïse et du peuple d'Israël. Il a éliminé le culte des divinités à formes animales pour introduire un culte spirituel dédié au Dieu unique symbolisé par le soleil. Voilà ce que l'Égypte a appris de l'adoration d'un vrai Dieu seul et unique. Abraham était sorti de la Mésopotamie, berceau de la civilisation et pourtant idolâtre. Il est devenu le père de la foi.

fortes ; et Dieu a choisi les choses viles du monde et celles qu'on méprise, celles qui ne sont point, pour réduire à néant celles qui sont[266] ». Des choses qui sur le plan psychique, physique et social seront sans valeur et sans intérêt, sont celles privilégiées par le créateur, dit Paul.

C'est ainsi que la pauvreté est porteuse de valeur – non seulement morale et éthique –, de pouvoir de régénération et de transformation, car la mentalité subit une métamorphose par les durs labeurs ou des luttes incessantes pour ne pas être absorbée par les forces du mal qui existent pour anéantir ou détruire. Cela nous rappelle le début de l'équipe des rebelles dirigée par David. Ces coupeurs de route qui vivaient de leurs épées par les excursions et razzia qu'ils opéraient, étaient des hommes à problèmes. On les décrit ainsi : « Tous ceux qui se trouvaient dans la détresse, qui avaient des créanciers, ou qui étaient mécontents, se rassemblèrent auprès de lui, et il devint leur chef. Ainsi se joignirent à lui environ quatre cents hommes [267]». Mais à la fin de la vie de David, ces gens à problèmes seront désormais qualifiés de vaillants hommes de David, des héros hors pair, parce qu'ils auraient fait des exploits.

5.2.3. *Le bios du pauvre*

Les grands miracles souvent rapportés par la Bible se sont parfois effectués à partir de choses apparemment insignifiantes. Nous en voulons, sans être exhaustif, ces quelques principales et étonnantes preuves. Le bâton de Moïse jouera un rôle important dans la sortie du peuple

---

[266] 1 Cor.1 :27-28.

[267] 1 Sam.22 :2 vs 2 Sam.23 :8ss.

d'Israël du pays de pharaon, en ce sens qu'il devenait tantôt serpent avalant ceux des démiurges égyptiens, ou séparant la mer en deux afin de laisser passer le peuple à pied sec. Il en va de même du petit déjeuner de l'enfant qui assistait aux enseignements de Jésus, et dont les cinq pains et deux poissons ont nourri à satiété des milliers de personnes dans le besoin. Enfin les veuves. Celle de Sarepta a tenu pendant toute la durée de la famine avec un peu de farine et un peu d'huile, selon la parole du prophète Elie ; celle dont le mari serviteur de Dieu est décédé laissant derrière lui des dettes, s'en était sortie avec le peu d'huile qu'elle possédait pour rembourser toutes les dettes et s'en tirer dans la suite. Tous ces bios[268], chaque personne, y compris les pauvres, en possède.

Aujourd'hui encore, on traite les conséquences des problèmes sans pour autant s'attaquer aux causes véritables. On ne résout pas, on solutionne. On n'élimine pas, on déplace. C'est à dessein qu'on entretient ce mécanisme machiavélique pour justifier une action, une entreprise, une opération, une présence. C'est malheureusement le constat fait dans les interventions onusiennes, où le sophisme des

---

[268] Comme souligné dans le chapitre précédent, le *bios* dans 1 Jn 3 :17 est ce que nous appelons le minimum irréductible. Traduit par les biens, ce mot étymologiquement veut dire *vie*. La plus petite chose que chaque individu possède. La réussite d'une existence dépend de la gestion des capacités intrinsèques de chaque individu à faire valoir et à valoriser ce qui est en lui. Les possessions ne sont pas que matérielles, pécuniaires, physiques, mais aussi intellectuelles voire immatérielles. L'intelligence, le charme, la disponibilité, la compassion, la serviabilité, etc.

Ex.4 :2 ; Jn 6 :9 ; 1 R 17 :9ss ; 2 R 4 :1ss.

responsables des opérations de maintien de paix n'a rien à envier aux démagogues politiciens.

L'Église ne devait pas se faire championne dans cette sorte de politique. Pierre Zumbach l'a si bien exprimé en parlant du réveil protestant du 18e siècle en ces termes :

> Cependant, si les Protestants sont sensibles à la souffrance de ceux qui forment le déchet social, à tous ces rejetés de la révolution industrielle, elles ne comprennent pas l'envergure du bouleversement économique et social auquel elles assistent. Voyant les blessés, elles les soignent mais refusent de reconnaître qu'il y a un combat, une lutte sanglante qui est ouverte. L'Église ne réalise pas l'ampleur de cette révolution qui se répercute sur le plan humain et donne naissance au prolétaire ouvrier[269].

La chrétienté dans les faits semble donner raison à ses détracteurs. Dépassée par les évènements, ou encore l'attentisme des dirigeants qui ne se préoccupaient pas davantage des défis de l'heure, elle a laissé libre cours aux spéculations comme celles des socialistes. Les mêmes erreurs peuvent se reproduire de nos jours en face de ce que nous décrions. Pierre Zumbach le déplore ainsi :

> L'École socialiste pense que les Églises chrétiennes sont jugées perdues, parce qu'elles n'ont pas su préparer la société aux transformations multiples que devait lui imposer le siècle industriel. Il est vrai que les Églises ont été dépassées par les conséquences de la révolution technique. Il est utile de méditer le discours prononcé à la Chambre des députés par Jules Guesde, le 15 juin

---

[269] Op. cit., p. 64.

1896, qui s'adressait aux chrétiens, déclarant : « le passé vous appartenait. Il était à vous tout entier et à vous seuls. Qu'en avez-vous fait, Messieurs les chrétiens ? Dix-huit siècles vous avez été les maîtres du monde, vous l'avez dominé dans son cerveau et dans sa puissance politique. Dix-huit siècles vous avez pu pétrir l'humanité à votre guise ; et, loin de l'avoir affranchie, vous n'avez même pas su lui créer un abri contre les crises fatales qui l'attendaient, la préparer à cette transformation industrielle qui s'opère depuis un siècle et devait être, pour le plus grand nombre, si douloureuse et si meurtrière. C'est les mains vides que vous vous présentez[270].

L'ecclésia peut s'approprier, entre autres, le concept DCBA, qui est aussi bien adapté aux problèmes que nous essayons de résoudre, lesquels sont relatifs aux phénomènes de pauvreté endémique et généralisée en Afrique, et par ricochet en RCA.

5.3. THE ABCD CONCEPT OU LE CONCEPT DCBA

Afin de corriger les errements du passé, nous proposons le concept DCBA – traité ici-bas – qui s'aligne de façon normale et logique avec l'approche du développement économique communautaire (DEC). Dans le développement endogène, on mise sur les capitaux pour la réalisation des projets sociaux. Dans le DEC, ce sont les dimensions qui

---

[270] Ibid., p. 66.

L'article de Leon Louw, Executif Director of the Free Market Foundation, intitulé "Is Sociliasm A Mental Disorder?" peut servir de réponse appropriée aux réflexions des socialistes. http.//www.bdlive.co.za/opinion/columnists du 23 mars 2016.

sont prises en compte pour l'amélioration des conditions de vie et le développement socioéconomique. Le concept DCBA privilégie les atouts existants – mais ignorés ou négligés par la population – pour aider les communautés à se prendre en charge et se développer.

Tim Chester disait : « un engagement communautaire n'a pas nécessairement besoin d'impliquer de grands projets avec des financements d'autorités locales. Ce qui compte ce sont des chrétiens ordinaires engagés et compatissants[271] ». Et comment faire pour que les initiatives individuelles servent aux entreprises communautaires ? Sachant que la base de la pauvreté est le résultat des relations brisées avec Dieu, au sein de la communauté, entre les communautés et avec l'environnement, il est primordial que la guérison ou l'assainissement ou le rétablissement de ces relations soient le remède efficace de sa restauration.

Ainsi, sera brisé le réseau de pauvreté qui se manifeste par le manque de moyens, le handicap physique, l'isolement, l'impotence à la réactivité et la vulnérabilité. En outre, il est aussi solidaire des attitudes et attentes culturelles, du désespoir total et de démotivation, de faible actif social, de société civile médiocre, de manque de transparence et de corruption, de mauvaise gestion économique, de mauvaise gouvernance. C'est pour cela que les atouts sont si cruciaux. Mais faisons de plus amples connaissances avec le concept.

---

[271] Op. cit., p.164.

5.3.1. Qu'est-ce-que le Développement Communautaire Basé sur les Atouts ?

Le Développement Communautaire Basé sur les Atouts est une stratégie pour un développement communautaire durable. À partir des petits atouts, on s'engage dans la transformation environnementale. Ces atouts qui peuvent être des acquis, des possibilités, des potentialités souvent ignorés ou négligés, sont identifiés et valorisés pour devenir des opportunités de l'économie locale.

Le concept encourage la communauté à bâtir sur ce qui existe en son sein. Sans occulter les besoins, la cristallisation est surtout sur les atouts individuels, communautaires et institutionnels. On passera donc plus de temps dans leur identification avant de s'engager dans des projets. Tout comme le principe du développement local, on se sert de ce qui est dans la localité pour la localité.

La solidarité traditionnelle permettait qu'on se rende chez les voisins pour solliciter des services. Aujourd'hui, les prestataires de service et les professionnels ont remplacé cette pratique de convivialité de bon voisinage, et les pauvres citoyens sont désormais des clients potentiels. En revenant au système traditionnel, on trouvera de la main-d'œuvre à notre portée, prête à nous assister ou à nous aider. La mutualité et la réciprocité renforceront la cohésion sociale, qui est un remède à l'exclusion, cause de solitude, de dévalorisation, de pénurie de tout genre, en un mot de la pauvreté.

De ce point de vue, nous voudrions faire référence à la Bible à la lumière de l'histoire de cette veuve – II Rois 4 :1-7 – femme d'un serviteur de Dieu, qui se devait de rembourser des dettes laissées par son défunt mari. Le créancier menaçait de faire d'elle et ses orphelins des esclaves. Quand elle a expliqué sa situation au prophète Élisée, il lui a demandé ses atouts. Elle possédait un vase d'huile à la maison. Élisée lui recommanda de voir ses voisins afin qu'ils lui prêtent autant de vases qu'elle en aurait besoin. Et en suivant l'instruction donnée par le prophète, elle a pu avoir de l'argent, après avoir vendu les vases d'huile et rembourser les dettes.

Un autre exemple de la solidarité, de l'assistance mutuelle et des atouts, est l'histoire rapportée par Luc dans son évangile. Jésus pour atteindre la foule nombreuse qui suivait ses enseignements avait besoin de l'écho de l'eau en guise de sonorisation. Il demanda volontiers à Pierre d'aller au milieu du lac. Après la prédication, il lui ordonna de jeter son filet à l'eau, alors que la pêche nocturne s'était avérée infructueuse. Mais cette fois, l'effort et l'obéissance au Maître ont été récompensés, cf. Luc 5 :1-7.

L'engagement de toute la collectivité, dans la mobilisation et la participation de la réalisation d'un projet communautaire, ne peut que profiter de l'effet du principe de synergie dans l'augmentation du rendement du travail. C'est à l'avantage de la communauté pour la communauté, et non des agences externes qui travaillent pour une communauté.

En effet, la méthode participative recommande que chaque personne dans la communauté a quelque chose à offrir comme nous l'avons dit précédemment. Et la communauté a besoin de tout le monde, chacun contribuant en fonction de ses capacités. C'est ainsi que tous les atouts de la communauté seront mis au bénéfice du développement socioéconomique de la localité.

Le concept aide à bâtir des relations solides, à enraciner la confiance entre les gens, à consolider la cohésion. Les gens ont tendance à donner le meilleur d'eux-mêmes quand ils sont valorisés. Les appréciations sont des moteurs de motivation puisqu'ils véhiculent le sentiment qu'on se rend utile dans un groupe. Le cours de l'existence d'un individu peut changer dans cette découverte de l'estime de soi. Quand les gens peuvent nous entendre ou nous donner la parole, psychologiquement on se sent accepté par les autres, et cette inclusion sociale génère des dividendes inestimables pour la communauté.

Les réunions de réflexion critique sont des bases de démocratie, très utile pour la justice et l'équité dans une nation. En s'organisant de sorte à avoir un leadership collégial tournant, les abus d'autorité sont amoindris, et l'esprit de service – plutôt que de commandement – est privilégié. Le devoir avant le droit, le prix à payer avant les privilèges.

Les concepts tels, le capital social, les relations, la bonne cohésion, l'inclusion, se trouvent dans l'approche du DEC que nous avons déjà évoquée. La base du concept

ABCD est le social. La mobilisation est l'initiative de la localité.

5.3.2. Envisager le développement

En partant de l'*a priori* que la communauté est un arbre à palabre – problème –, le travail consiste à faire ressortir les différentes causes (racines) du problème principal, et ensuite à discuter des conséquences (branches). Sachant qu'aucun projet durable ne peut se réaliser sans une participation effective de la population locale au processus, et sans que personne ne soit marginalisé.

Nous disons que l'approche des projets communautaires ne peut être identique dans tous les cas. En réalité, elle variera en fonction de l'état de pauvreté réelle – que nous appelons techniquement profil de pauvreté – de la situation qui va arbitrairement du négatif (inférieur à zéro) au positif (supérieur à zéro) ou encore de la position du récepteur. Les besoins ressentis par la communauté peuvent se répartir comme suit selon les recensements souvent établis:

- Sécurité alimentaire : nourriture suffisante et équilibrée ;

- Éducation de base : nécessaire pour l'épanouissement ;

- Accès aux services et soins de santé primaire ;

- Habitat salubre et environnement sain ;

- Développement des capacités à générer des richesses ;

- Production agricole ;

- Justice et paix.

Selon les cas de figure dépendant de la position du récepteur, on opérera pour combler les besoins et résoudre les problèmes en se servant des atouts locaux ou en faisant appel à une éventuelle aide extérieure. L'échelle va de (<0), c'est-à-dire négatif, à (>0), c'est-à-dire positif.

Le cas de figure numéro 1, c'est-à-dire du niveau (<0), implique que la situation réclame une aide d'urgence, car la situation du récepteur est négative sur l'axe mesurant la pauvreté. On parlera alors d'**assistance**. C'est l'état d'un malade grave qui ne peut rien par lui-même. On parlera du *relèvement* à cette étape.

Dans le cas de figure numéro 2, niveau (0) : on peut dire que la situation demande une *réhabilitation*. On cherchera à améliorer la situation du récepteur. On parlera de l'**accompagnement**. Le récepteur doit contribuer à la limite de ses possibilités. C'est le cas du malade qui ne peut se déplacer de manière autonome.

Le niveau 3, (>0) recommande que la situation ait besoin d'un **accroissement**. C'est dans ce cas que le développement est évident. On appliquera alors les principes développés plus haut. L'efficacité du projet dépendra des atouts recensés. On parlera de la *promotion* du développement.

Nous développons ces aspects dans un autre ouvrage *Repenser le catéchisme en vue de mieux répondre aux besoins réels des membres d'Afrique contemporaine.* Le fonctionnement des différentes phases pour un développement réussi.

In fine, nous faisons nôtre, cette réflexion de Tim Chester : « Il se peut que nous assistons à des reformes de la société, il se peut aussi que nous n'assistons à rien qui ressemble à cela. L'important pour l'Église est de rendre témoignage de la libération future de Dieu. Nous sommes appelés à être des communautés du jubilé, une communauté dans laquelle les pauvres sont accueillis, intégrés et fortifiés. Nous sommes le lieu sur terre où l'avenir de Dieu peut être entrevu [272]».

Le pape Jean Paul II ne disait:

> *L'Église n'a pas de modèle à proposer. Les modèles véritables et réellement efficaces ne peuvent être conçus que dans le cadre des différentes situations historiques, par l'effort de tous les responsables, qui font face aux problèmes concrets sous tous les aspects sociaux, économiques, politiques, et culturels imbriqués les uns aux autres. [273]*

Ainsi faisait-il allusion aux dirigeants politiques, aux travailleurs sociaux, aux hommes d'affaires, aux responsables religieux. Selon lui, une concertation entre les différentes entités s'avère donc nécessaire. Nous savons du

---

[272] Ibid., p.121.

[273] Jean Paul II, Op. cit., p. 86.

reste que dans certaines régions du Canada, le DEC est pratiqué sous ce format. Pour notre part, nous souhaiterons que les communautés prennent le lead afin d'inciter les autres à intégrer le groupe plus tard.

Un récapitulatif schématique des principes énoncés ci-haut :

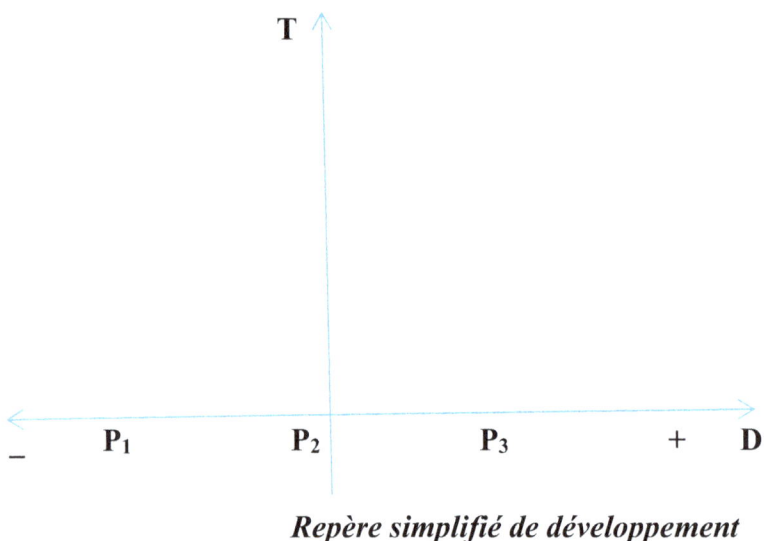

Repère simplifié de développement

T = axe temps ; D = axe développement

P_1 = phase assistance ; P_2 = phase accompagnement ;

P_3 = phase accroissement

Phase	Indice	Profile	Prestation
1	—	P_1	Assistance
2	0	P_2	Accompagnement
3	+	P_3	Accroissement

Tableau récapitulatif des prestations en fonction des phases relatives au profil de pauvreté

CONCLUSION

Notre réflexion n'a pas traité de l'ecclésiologie dans toute sa spécificité. Bien au contraire, nous avons affirmé que l'Église invisible est universelle. C'est le corps de Christ qui intègre ou regroupe tous les véritables rachetés que seul Dieu connaît.

Nous affirmons cependant que l'Église institutionnelle est la partie visible de l'armée du Seigneur, qui renferme aussi bien des enfants de Dieu nés de nouveau et ceux qui fréquentent les cultes, ainsi que les rétrogrades et les non-convertis. Nous l'avons effleuré selon l'angle qui nous intéressait. En tout point de vue, nous avons travaillé sur des approches symboliques sur lesquelles nous nous appesantissons dans un autre ouvrage.

Nous avons noté que le christianisme est, depuis sa naissance, l'expansion de la chrétienté qui l'a mondanisé, en passant par l'avènement du protestantisme – ce mal nécessaire qui l'a remis sur le droit chemin. Le christianisme semble avoir évolué comme pendant la période des Juges – en dents de scie – dans les Saintes Écritures.

L'humanité lui doit beaucoup. Les hommes ont aussi leurs lots de reproches qu'ils lui font. La loi du contraire est inévitable dans toute entreprise humaine, et, de surcroit, à caractère universel. Il n'est pas question de faire des apologies. Nous avons vu que la compréhension du royaume de Dieu amène le leadership à fonctionner dans la dynamique de l'herméneutique de l'action.

Peu de temps après avoir apprécié toute sa création par les qualificatifs « Dieu vit que cela était très bon », l'irruption du mal sur la terre a perturbé l'ordre des choses y compris l'existence des êtres. Même le cosmos en porte les stigmates. Ce n'est pas pour autant que Dieu va abandonner sa création entre les mains du destructeur. Certes, les cœurs sont devenus mauvais en engendrant des coexistences conflictuelles. La méchanceté a fini par envahir le monde habité. L'harmonie a disparu. Le déluge qui a nettoyé le monde ne l'a pas ramené à la case de départ, dans le sens de la pureté relationnelle avec le créateur. Le rédempteur est venu pour rétablir le premier ordre.

La manifestation visible du royaume de Dieu aujourd'hui est partielle. La plénitude reste à venir, cependant, l'Église donne l'avant-goût de ce qui était et qui a disparu, et qui va se passer avec le retour de Jésus dans la mesure où l'Église permet de rendre visible le royaume incomplet. De ce point de vue, il ne devait en principe plus avoir de préjugés racial, sexiste, social, culturel, etc. Le loup et l'agneau devaient cohabiter dans le royaume, le lion et l'agneau devaient paître ensemble. Malheureusement, l'image et le spectacle qu'offre aujourd'hui l'ecclésia dans le monde, valent une piètre prestation parce que le fait de porter le nom christianisme ne rime pas forcément avec authenticité chrétienne.

Le monde va de plus en plus mal. L'iniquité, l'injustice et les inégalités augmentent rapidement. À ce rythme, les pauvres n'auront plus accès à la santé, à l'éducation et au bien-être. Jésus était pourtant venu aussi pour les pauvres, et c'est dans l'ecclésia que doit se manifester son programme qui est resté inchangé. Tout au long de l'histoire de l'humanité, comme nous l'avons souligné dans la seconde partie de cet ouvrage, des hommes pieux à l'image de Christ ont non seulement inspiré les autres, mais aussi ont imité le Christ dans sa compassion. C'est ainsi que des structures et des organisations ont vu le jour pour soulager les malheureux.

La mission de l'Ecclésia dans le monde est parfois diamétralement opposée à celle des politiques. C'est l'essence de l'imposant travail de Pierre Bourdieu[274], qui a dirigé la rédaction d'un impressionnant ouvrage volumineux dans lequel une équipe de psychologues a consacré trois ans pour comprendre les conditions contemporaines de la misère. Ils se sont focalisés sur divers espaces de la cité, de l'école et du monde des travailleurs sociaux, mondes des ouvriers, l'univers des employés, des paysans, des artisans, de la famille. Loin d'être un procès des responsables politiques souvent très étrangers à l'existence de leurs concitoyens, se préoccupant des sondages des opinions et des prochaines élections, ce livre vaut la peine d'être privilégié et les personnes contactées considérées comme des témoins à charge de notre modèle de développement[275]. Autant certains de ces politiques se disent humanistes, autant

---

[274] Bourdieu, Pierre (sous dir) (1993). *La Misère du monde*. Éd. Seuil, Paris, 950 p.

[275] Didier François dira, dans *L'Aide au Tiers-Monde*, que l'Occident qui a réussi le passage d'une civilisation agricole à l'industriel se croyait un modèle. Le développement est la croissance qui s'identifie au progrès.

le système de développement qui les préoccupe ne place pas l'homme au centre des préoccupations.

L'Ecclésia doit avoir une autre approche rogérienne et anthropocentrique, comme nous l'avons suggéré. Brian McLaren[276], après plusieurs décennies de ministère en Occident et principalement en Hexagone, après avoir observé et étudié cette société postmoderne, a proposé un autre modèle d'église pour y faire face. Dans son ouvrage rédigé à ce sujet, il cite Leslie Newbigin[277] qui dit :

> *J'avoue que j'en suis arrivé à penser que la seule réalité à prendre en compte pour avoir un impact chrétien sur la vie publique est la communauté chrétienne. Comment croire que celui qui aura le dernier mot dans les affaires publiques et privée n'est autre qu'un homme pendu au bois ? La seule réponse que je propose, la seule herméneutique de l'Évangile consiste en un rassemblement d'hommes et de femmes qui croiront cela et qui en vivent... Les campagnes d'évangélisation, la distribution des Bibles et de littérature chrétienne, les conférences et même des ouvrages comme celui-ci.... sont tous secondaires, et....ils n'ont le pouvoir d'accomplir leur objectif qu'enracinés dans une communauté de foi. Jésus...n'a pas écrit un livre, il a fondé une communauté[278].*

Cette conviction a été partagée, comme nous l'avons dit, par plusieurs acteurs et penseurs chrétiens qui n'hésitent

---

[276]McLaren, Brian (2006). *Réinventer l'Église, communiquer l'Évangile dans un monde postmoderne*. Édition LLB.

[277] Leslie Newbigin (1996). *The gospel in a Pluralist Society*, Grand Rapids USA : Eerdmans.

[278] McLaren Brian, p.163.

pas à le crier haut et fort. De ce nombre figure l'illustre penseur noir américain, Martin Luther King dont Serge Molla a fait l'éloge de sa pensée que nous avons mentionnée dans l'introduction de cet ouvrage.

Selon notre conviction, ces exemples doivent faire des émules parmi les leaders de l'Ecclésia en Afrique, de peur qu'il n'y ait pas de terrain pour une religion dépassée, voire un mysticisme désuet ou pour un mercantilisme clérical. Toutes ces illusions qui ont fabriqué les facettes virtuelles des assemblées chrétiennes sur les continents, et qui ont empoisonné l'existence de l'Ecclésia en Afrique, doivent céder la place à une pratique révolutionnaire comme celle de Jésus, se départant et dépassant une vieille religion millénaire traditionnelle et ancestrale de son pays à son époque. Nous voyons que McLaren a proposé de réinventer l'Église, pour notre part nous proposerons de réinventer un catéchisme africain. Il prendra en compte toutes les dimensions existentielles de l'homme africain et répondra à ses préoccupations.

Nous privilégions la stratégie du développement économique communautaire. Nous avons vu que l'Ecclésia est une communauté de foi ou de croyants. Nous avons aussi fait remarquer que la tradition africaine est communautaire. N'avons-nous pas tout naturellement un syllogisme ?

Quand les responsables ecclésiastiques du continent s'affirmeront dans l'exercice de leur ministère dans la culture communautaire, le continent retrouvera les mêmes bénédictions comme à l'heure de l'Église primitive. Les missionnaires pionniers occidentaux qui sont arrivés des sociétés individualistes et matérialistes, ne pouvaient pas encourager la mise en place des assemblées fonctionnant comme des communautés. Nous savons que cette tradition a été décriée comme paralysant les initiatives individuelles, confondue à l'égalitarisme qui nivèle ou cimente tout par le bas. John Taylor[279], qui a compris la culture africaine, a fait cette observation dans son livre *Christianity and Politics in Africa* :

> *Tout homme naît dans une communauté. Ainsi, chacun est membre d'une famille et hérite de certaines caractéristiques familiales, certains biens, certaines obligations, apprend certaines traditions familiales, certains comportements et certains points de fierté. Chacun est également membre d'un clan particulier, d'une tribu et d'une nation et tout ceci lui confère une culture et une histoire particulière, une certaine façon de concevoir les choses et probablement une religion particulière. C'est dans ce sens qu'on dit que chaque individu appartient à un environnement. Il a ses racines dans un sol particulier et ne peut être transplanté ailleurs sans ressentir profondément le changement. Sans racines, il devient faible, malheureux et malade. Les hommes et les femmes qui ne vivent pas dans une communauté et sentent qu'ils en font vraiment partie ne sont pas entièrement humains. Quelque chose d'essentiel leur manque, quelque chose que Dieu lui-même a jugé nécessaire pour leur épanouissement[280].*

C'est aussi en ces termes qu'un théologien africain a fait le lien et le bien-fondé communautaire : « la

---

[279] Taylor, John V. (1957). *Christianity and Politics in Africa*, Londres, Penguin.

[280] Ibid., p. 35 .

communauté est le concept central dans l'éthique en Afrique [...]. On grandit dans une communauté à laquelle on appartient, et on est enraciné dans son fonctionnement [...] Ce qu'est la communauté engage tout le monde[281] ». Ce mouvement d'ensemble accélérera ce processus de développement transformationnel. L'étude des abeilles, des termites, des fourmis – tous des insectes qui vivent en communauté – a montré combien l'intelligence collective contribue à la survie et à la complémentarité fonctionnelle des colonies. La nature nous enseigne au travers des bestioles, c'est à l'Ecclésia en Afrique d'en tirer profit.

---

[281] *Éthique chrétienne africaine*, pp. 39-40.

BIBLIOGRAPHIE

Agon, Valentin (2008). *Pourquoi et comment constituer les États-Unis d'Afrique ? Pourquoi l'Afrique reste en retard pour son développement ? L'appel à l'intelligence du devoir de l'audace d'être nous-mêmes.* Les éditions d'Afrique Emergence, Cotonou.

Atger, Étienne (1998). *Plaidoyer pour la Mission,* JEM. Éd. Burtigny, Suisse.

Autre Temps (1990). Les Cahiers du christianisme Social. *La Contrainte Économique.* No. 26, Juillet.

Autre Temps (2002). *Les Cahiers du Christianisme Social.* No. 74. Été.

Ayandé, Alpha (2010). *L'Afrique, son développement et l'approche communautaire.* In Dossier Afrique. Réseau Nerrati Press. Mis en ligne Jeudi 8 Juillet 2010 à 9H39. Consulté le 20 avril 2015 à 17H06.

Banga, Anatole. (2013). *L'Évangile : Une Puissance Transformatrice : Cas des Pygmées de BOBELE.* Mémoire de Master en missiologie, Promise Christian University.

Baudin, Frédéric (2017). *Wégoubri un bocage au sahel,* entretiens avec Henri Girard. Éd. Farel et Exclesis.

Benge, Geoff & Janet (2010). *William Booth soupe, savon, salut.* Éd. JEM, Ave. Haldimand, Yverdon-les-Bains.

Biéler, André (1970). *Une Politique de l'Espérance, de la foi aux combats pour un monde nouveau.* Éd. Le Centurion, Paris.

Biéler, André (1995). *La Force cachée du protestantisme, chance ou menace pour le monde.* Éd. du Cerf, Paris

Biéler, André (2008). *La Pensée économique et sociale de Calvin. Éd.* Médecines et Hygiène, Genève, Suisse.

Blandenier, Jacques (2006). *Les Pauvres avec nous*, IMEAF, La Bégude de Mazenc.

Blaschke, Robert (2002). *Question de Pouvoir, Communiquer l'Évangile aux animistes*, ELB, Belgique.

Bonhoeffer, Dietrich (2009). *Vivre en disciple. Le prix de la grâce.* Genève, Labor et Fides.

Boumard, Christophe (2014). *Domicile fixe : La Rue.* Éd. Empreinte temps présent, France.

Bourdieu, Pierre – sous dir. (1993). *La Misère du monde.* Éd. du Seuil, Paris.

Brégnon, Jean-Joël (1998). *Un Rêve d'Afrique, Administration en Oubangui-Chari, la Cendrillon de l'Empire.* Éd. Denoël, Paris.

Brun, Jean. (1979). *À la recherche du paradis perdu,* PBU.

Cabedoche, Bertrand. (1990). *Les Chrétiens et le Tiers Monde, une fidélité critique*, Karthala, Paris.

Celin, Albert (1953). *Les Pauvres de Yahvé.* Les éd. CERF.

Césaire, Aimé (1973). *Discours sur le Colonialisme.* Éd. Présence Africaine, Paris.

Chabot, Jean-Luc. (1989). *La Doctrine sociale de l'Église*, PUF, Paris.

Chareyre, Philippe (2010). *La Construction d'un État Protestant Le Béarn au XVIe siècle.* Éd. CEPB, Paris.

Chester, Tim (2006). *La Responsabilité du chrétien face à la pauvreté. Éd.* Farel, Marne-la-vallée.

Commission Sociale, Économique et Internationale de la Fédération Protestante Française (1992). *Le Développement en question, élément de réflexion pour une approche chrétienne.* Éd. Oberlin, Strasbourg.

Conférence Épiscopale Française Justice et Paix (2010). *Oser un nouveau développement : au-delà de la croissance et de la décroissance.* Éd. Bayard.

Conférence Épiscopale Allemande (2000). *Les Nombreux visages de la mondialisation : perspectives d'un ordre mondial plus juste et plus humain.* Éd. Groupe de travail scientifique pour les questions de l'Église universelle.

Cope, Landa (2012). *Modèles pour la société, découvrir les modèles bibliques pour influencer nos nations. Éd.* JEM, Yverdon.

Couplet, Xavier & Heuchenne, Daniel (1998). *Religions et Développement.* Éd. Economica, Paris.

Crespy, Georges (1966). *L'Église servante des hommes. Éd.* Labor et Fides, Genève.

Crossman, Eileen (1985). *Fleuve de lumière*, OMF. Éd. GM.

Defois, Gérard (1986). *Les Chrétiens dans la société : le mystère du salut dans la traduction sociale.* Éd. Desclée, Paris.

Demaze, Moïse Tsayem (2010). *L'Afrique dans la géopolitique du développement durable : entre pauvreté et mondialisation des préoccupations environnementales.* Christian Bouquet. Les géographes et le développement. Discours et actions, MSHA, Bordeaux, pp.185-210.

Deschamps, Hubert (1970). *Les Religions de l'Afrique noire.* PUF, Paris.

Deschamps, Hubert (1972). *Histoire Générale de l'Afrique Noire, de Madagascar et des Archipels, des origines à 1800,* Volume I *Tome II,* PUF/Bordas, Paris.

Deschamps, Hubert (1972). *Histoire Générale de l'Afrique Noire, de Madagascar et des Archipels, de 1800 à nos jours,* Volume II *Tome I,* PUF/ Bordas, Paris.

Djéréké, Jean Claude (2007). *L'Afrique refuse-t-elle vraiment le développement ?* Éd. L'Harmattan, Paris.

Doré, Gérard (1985). L'organisation communautaire : définition et paradigme. *Service social*, vol. 34, n° 2-3, p p. 210-230. https://id.erudit.org/iderudit/706269ar consulté le 11 nov 2015 à 23H57.

Dumont, Mélanie & Plane, Léo (2011). Manuel Technique : *L'aménagement d'un périmètre bocager au Sahel.* Terre Verte.

Dumont, René (1973). *L'Afrique noire est mal partie.* Éd. du Seuil, Paris.

Dumont, René & Mottin, Marie France (1980). *L'Afrique étranglée.* Éd. du Seuil, Paris.

E. Cairns, Earle (1981). *Christianity Through Centuries.* Zondervan, Grand Rapids, Michigan.

Ela, Jean Marc (1982). *L'Afrique des villages.* Éd. Karthala, Paris.

Ela, Jean Marc (2009). *Ma foi d'Africain.* Éd. Karthala, Paris.

Ellul, Jacques (2003). *Sans feu ni lieu : signification biblique de la Grande Ville,* Paris, La Table ronde.

Favreau, Louis (1996). Mouvements sociaux, travail social et économie solidaire face à la crise de l'emploi et de l'État-providence. *Cahiers de la Chaire de recherche en développement communautaire:* série recherche #1. http://www.depot.erudit.org consulté le 16 novembre 2015 à 23H24.

Frédéric, Fabre (2011). *Protestantisme et colonisation, l'évolution du discours de la mission protestante française au XXe siècle.* Éd. Karthala, Paris.

Fédération Protestante de France, Commission sociale, économique et internationale (1992) *Le développement en question : éléments de réflexion pour une approche chrétienne;* Éd. Oberlin.

Fédération Protestante de France (1971), *Église et pouvoirs*, N° 165 CPED, Paris.

Fernandez, Leiticia (1993). *Des tiers Mondes.* Éd. Hatier, Paris.

Fleming, Don. (2005). *Making Sense, Christianity in today's world,* Bridgway Publications, Australia.

François, Didier (1984). *L'Aide au Tiers-Monde, Solidarité et Développement.* Éd. Syros, Paris.

Georg, H. (1878). *Le Premier Catéchisme français de Calvin*, Genève.

Gibson, E. Philip (2001). *Empowering Black Community : Faith-Based Community*. Mémoire de maîtrise, Université North Texas.

Gourdin, Patrice (2013). *République Centrafricaine : géopolitique d'un pays oublié*, Diploweb.com

Graves, Stephen R (2018). *An Idea is Not a Business, organizational strategy*, Helping Leaders Flourish

Grimal, Henri (1965). *La Décolonisation 1919-1963.* Éd. Armand Colin, Paris

Grubb, Norman (1974). *C.T. STUDD Le champion de Dieu.* Éd. CLC, France

H. Cone, James (2002). *Malcolm X et Martin Luther King, même cause, même combat.* Éd. Labor et Fides.

Haan, Roelf (1988). *The Economics of Honor. Biblical reflections on money and poverty.* WCC Publication, Geneva.

He, Shu Ren (2012). *« Village dans la ville » en Chine : une forme de développement économique communautaire ?* (Mémoire de maîtrise, Université de Québec, Montréal).

Hergueux, Jérôme (2007). *Religion et Développement Economique* - Mémoire de 4ème année d'Institut d'Études Politiques de Strasbourg - Université Robert Schuman.

Hiebert, Paul G. (1983). *Cultural Anthropology*. Éd. Baker Book House, Grand Rapids MI 49506.

Hugon, Philippe (2009). *Géopolitique de l'Afrique*. Éd. SEDES.

Imbert, Yannick, sous dir (2014). *Une théologie dans le monde, essais sur Jacques Ellul*. Éd. Kerygma, collection Aéropage, Aix-en-Provence.

Jennifer Pepall (1977). *The Oodi Weavers Story: Social Change Through Community Economic Development.* http://www.academia.edu/7192900/Case_Study_of_the_Oodi, consulté le 17 novembre 2015 à 12H23.

Kabou, Axelle (1991). *Et si l'Afrique refusait le développement.* Éd. L'Harmattan, Paris.

Kalck, Pierre (1992). *Histoire Centrafricaine des origines à 1966*. Éd. L'Harmattan, Paris.

Kallemey, Harold (2004). *J'appartiens à Dieu. Catéchisme chrétien*. Éd. Exclesis, France

Kalioudjoglou, Marie (2014). *Tout pour la gloire de Dieu*. Duplitech, St Malo.

Keller, Timothy (2018). *Pour une vie juste et généreuse*. Éd. Exclesis, Charol.

King, Martin Luther (1965). *La Force d'Aimer*. Éd. Casterman.

Koler, Milton (1971). *The politics of community economic development.* http://www.semantischolar.org consulté le 17 novembre 2015 à 14H17.

Kohler, Patrick & Schneider, Daniel (2010). *Guide des innovations pour lutter contre la pauvreté*. Éd. Favre, Lausanne.

Kunhiyop, Samuel Waje (2016). *Éthique Chrétienne Africaine*. Éd. Livreshippo.

Lacouture, Jean & Baumier, Jean (1962). *Le Poids du Tiers Monde, un milliard d'hommes*. Éd. Arthaud, France.

Lasserre, Jean (2008). *Les Chrétiens et la violence*. Éd. Olivetan, Lyon.

Lavoisier, *Géographie, économie, société*, 2011/2, (Vol.13) pp 213-220 ; http://www.cairn.info/revue-geographie-economie-societe-2011-2-page-213.htm

Le Coz, Raymond. (2004). *Les Médecins nestoriens au moyen âge, les maîtres des Arabes*. Éd. L'Harmattan, Paris.

Leclercq, Jean (1986). *Nouvelle page d'histoire monastique, histoire de l'A.I.M 1960 – 1985.*

Less, Norman. (1985). *Discipleship Manual*, DCI-UK, www.dci.org.uk

Leridon, Henri (dir.) (1993). *Politiques de développement et croissance démographique rapide en Afrique*. Congrès et colloques n° 13. Éd. INED, PUF (Actes de la Conférence Internationale « Développement et croissance rapide : regard sur l'avenir de l'Afrique » (Paris, 2-6 septembre 1991).

Lévesque, Benoît (2002). *Les entreprises d'économie sociale, plus porteuses d'innovations sociales que les autres ?* Communication présentée au Colloque du CQRS au Congrès de l'ACFAS, le 15 mai 2001 sous le thème : « Le développement social au rythme de l'innovation ».

Luneau, René (2002). *Comprendre l'Afrique : Evangile, Modernité, Mangeur d'âmes*. Éd. Karthala, Paris.

Lovsky, F. (1958). *L'Église et les malades, depuis le IIe siècle jusqu'au début du XXe siècle*. Éd. du Portail.

Mana, Kä (2005). *La Mission de l'Église en Afrique*. Éd. CIPCRE, Bafoussam.

Maury, Philippe (1998). *Évangélisation et politique.* Éd. Les Bergers et les Mages, Paris.

Martinelli, Bruno, (2008). *Patrimoine sidérurgique en Centrafrique*, RECAA N°1.

Mbairodbbée, Njegolimi & Pohor, Rubin (2016). *Mission Intégrale*, CITAF et Tear Fund .

McLaren, Brian (2006). *Réinventer l'Église, communiquer l'Évangile dans un monde postmoderne. Éd.* LLB.

Milhaud, Maurice (1962) *Le développement communautaire, instrument de développement économique et social en Afrique.* In: Tiers-Monde, tome 3, n°9-10, 1962. pp. 313-320. http://www.persee.fr/doc/tiers, consulté le 23 novembre 2017.

Molla, Serge (2008). *Les Idées noires de Martin Luther King.* Éd. Labor et Fides, Montréal.

Molinario, Joël (2015). *Une Pédagogie de la Parole en catéchèse : de l'invention du catéchisme à Dei verbum*, Educatio [En ligne], 4. http://revue-educatio.eu, consulté le 11/09/2015 à 9H41.

Morin, R., Latendresse, A. et Parazelli, M. (1994). Les corporations de développement économique communautaire en milieu urbain : l'expérience montréalaise. *Études, matériaux et documents no 5,* Montréal, Département d'études urbaines et touristiques, Université du Québec à Montréal, 241 p.

Mucchielli, Roger (1992). *La Dynamique des groupes*, Lienhart et Cie, Aubenais.

Nouis, Antoine. *Un Catéchisme protestant*, deuxième édition refondue et augmentée, Olivetan, OPEC.

Nzamujo, Godfrey (2003). *Quand l'Afrique relève la tête.* Éd. du CERF, Paris.

Oates B., Stéphane (1985). *Martin Luther King*. Éd. du Centurion, Paris.

Oman, Gösta (2001). *Le Miracle du riz, et autres prodiges extraordinaires*. Éd. Vida, Nîmes.

Ondo Mendongo, Richard Joseph (2000). *La Problématique du métier de Paul dans son ministère d'apôtre et ses implications pour un ministère pastoral efficace en Afrique subsaharienne*, Fateb, Bangui.

O'Toole, Thomas (1986). *The Central African Republic: the Continent Hidden Heart*, Westview Press, Boulder Colorado.

Penel, Jean-Dominique (1995). *Barthelemy Boganda écrits et discours*. Éd. L'Harmattan, Paris.

Pesnot, Patrick (2014), *Les Dessous de la Françafrique*. Éd. Nouveau Monde, Paris.

Rabaut M., Paul (1842). *Précis du Catéchisme d'Ostervald*. Nouvelle Édition revue et augmentée, La Rochelle.

Ratzsch, Del (1986). *Sciences and its Limits, the natural science in Christian Perspective*. Éd. IVP, Illinois.

Richardson, Don (1977). *Lords of the earth,* Regal books.

Richardson, Don (2007). *L'Éternité dans leur cœur*. Éd. JEM, IMEAF.

Ricœur, Paul & Changeux, Jean Pierre (2000). *Ce qui nous fait penser. La nature et la règle*. Éd. Odile Jacob.

Robert, Anne-Cécile (2006). *L'Afrique au secours de l'Occident*. Éd. Les Ateliers, Paris.

Ruolt, Anne (2014). *Du bonheur de savoir lire : une approche protestante de l'école et de lecture, acte des artisans du Réveil au début du XIXᵉ siècle en France*. Éd. Edifac – Exclesis.

Salvaing, Bernard (1994). *Les Missionnaires à la rencontre de l'Afrique au XIXe siècle*. Éd. L'Harmattan.

Santedi Kinpupu, Léonard (2005). *Les défis de l'évangélisation dans l'Afrique contemporaine*. Éd. Karthala, Paris.

Saragba, Maurice (2013). *Histoire du peuplement africain et route de fer*, RECAA N° 1.

Sauvage, R. N. (1911). *Histoire et développement économique d'un monastère normand au moyen âge.* Thèse de doctorat (Lettres), Caen.

Schümmer, Léopold (2006). *La Foi, l'Action, le Social, Actualité du message de Jean Calvin*, Etincelles6.

SECAAR (2003). *La Parole en Action.* Éd. Media-Print, Abidjan.

Sesboüé, Bernard (2006). *Le Da Vinci Code expliqué à ses lecteurs*. Éd. du Seuil, Paris.

Sheldon, Ch. M. (2009). *Que ferait Jésus à ma place ?*. Éd. CLC, Montélimar.

Steyne, Philipp (1990). *Gods of Power, Columbia,* SC, Impact International Grand Rapids, MI49506, Baker Book House Foundation.

Strahm, Ruodolph H. (1986). *Pourquoi sont-ils si pauvres. Faits et chiffres en 84 tableaux sur le mécanisme du développement.* Éd. Baconnière, Boudry, Suisse.

Sue, Eugène (1857). *« Quelles causes ont amené la réaction catholique ? »*, La Haye, 6 novembre 1856, in QUINET, Lettres sur la question religieuse.

Taylor, Howard (1979). *La vie de Hudson Taylor*, 3è Éd. revue, GM, Suisse.

Taylor, John V. (1957). *Christianity and Politics in Africa*, Londres, Penguin.

Tillich, Paul (1951). *Systematic Theology. Vol I*, Chicago, University of Chicago Press.

Toso, Carlo (1994). *Centrafrique un siècle d'évangélisation,* CECA.

Toulat, Pierre sous dir (1992). *Solidarité et développement, l'engagement de l'Église catholique,* Éd. du CERF, Bld Latour-Maubourg, Paris.

Transformation : *Christian Faith and Economics.* Vol.7. N° 2. April/June 1990.

Transformation : *The Impact of the Market Economy on the Poor.* Vol. 12, N°3 July/September 1998.

Transformation : *Faith and Economics revised 1.* Vol. 17. N° 2. April/June 2000.

Transformation : *Faith and Economics revised 3.* Vol.18. N° 13, July 2001.

Triaud, Jean-Louis (2013), *Les Racines esclavagistes de l'histoire centrafricaine*, Tribune.

Trousdal, Jerry (2012). *Miraculous Movements,* City Team International.

Tsogbou, Dieudonné Lekane (2003). Mutuelle communautaire de croissance (MC2) et de développement rural à Baham (Cameroun) », *Les Cahiers d'Outre-Mer* [En ligne], 221 | Janvier-Mars, pp. 67-86, mis en ligne le 13 février 2008, http://com.revues.org/915 consulté le 12 novembre 2015 à 12H41.

Tuquoi, Jean Pierre (2017). *Oubangui-Chari le Pays qui n'existait pas.* Éd. La Découverte, Paris.

Vachon, Bernard (1993). *Le Développement local : théorie et pratique.* Éd. Gaëtan Morin.

Vaillancourt, Yves (1994). Éléments de problématique concernant l'arrimage entre le communautaire et le public dans le domaine de la santé et des services sociaux. *Nouvelles pratiques sociales*, vol. 7, n° 2, pp. 227-248. http://id.erudit.org/iderudit/301290ar consulté le 17 novembre 2015 à 2H40

Varak, Florent & Viguier, Philippe (2015). *L'Évangile et le citoyen, essai sur le chrétien et l'Église en politique.* Éd. Clé, Lyon.

Verger, Chantal (1995). *Pratiques de développement : l'action des chrétiens et des églises dans les pays du Sud.* Éd. Karthala, Paris.

Victor, J.- C., Raisson, V. & Tétart, F. (2006). *Le Dessous des cartes : Atlas géopolitique.* Éd. Arté/Tallandier, Paris.

Vidal, Pierre (1969). *La Civilisation mégalithique de Bouar : perspectives et fouilles* 1962-1966, Recherches Oubanguiennes, Nanterre.

White, John (1987). *Le Monde, une cohabitation possible !?* Éd. Farel, Paris.

Zerah, Dov & Virville, Michel (sous dir) (2014). *Religions et développement : mutations en Afrique et au sud de la méditerranée.* Éd. L'Harmattan, Paris.

À PROPOS DE L'AUTEUR

Le Dr BANGA Anatole est nanti d'un Ph. D. en missiologie de l'Institut Universitaire de Développement International (IUDI) obtenu avec la plus haute distinction (suma cum laude). Il est Coordonnateur de l'organisation missionnaire chrétienne «Nations en Marche», Président de la mission Fondation Jérusalem, pasteur de la Communauté Évangélique la Bonne Nouvelle, Coordonnateur régional de MANI Afrique Centrale Francophone. Il est auteur de plusieurs livres et articles scientifiques.

www.ingramcontent.com/pod-product-compliance
Lightning Source LLC
Chambersburg PA
CBHW061254110426
42742CB00012BA/1911